Sandra Martín Trujillo

CREANDO VÍNCULOS en la INFANCIA

HILOS DE APRENDIZAJE, JUEGO Y CONEXIÓN

saralejandria
ediciones

Del texto:
Sandra Martín Trujillo

Perfil profesional:
@cosquilleando.la.docencia

Diseño de edición:
Elena Torres

De la presente edición:
Grupo Sar Alejandría S.L

Edita:
Saralejandría Ediciones

ISBN: 978-84-10105-18-8
Depósito Legal: CS 118-2024

A mis padres, hermanas y familia, por
permanecer juntos siempre.

A mi pareja, por su apoyo incondicional.

A mis estrellas del cielo.

A mi maestra Isabel, por su ilusión y vocación.

A mis amigas, que son hermanas de corazón.

PRÓLOGOS

Dos ojos claros, preciosos, con una sonrisa puesta, llegan de prácticas a mi colegio. La portadora se llama Sandra Martín Trujillo. Nada más verla, vislumbré que tenía potencial para mejorar la escuela. Intuí que detrás de esos ojos y esa sonrisa se vislumbraba una visión innovadora de la educación.

La conexión es la mayor cualidad que debe tener un ser humano que pretende dedicarse a la educación. Y hay personas que con la mirada conecta los corazones de las demás. Desde que la vi, supe que podía contar con ella en mi labor como especialista en Pedagogía Terapéutica. Resulta que en la clase de infantil de tres años, a la que llegó de práctica esta alumna de magisterio, había un chico diagnosticado de cierta desconexión. Así que, ya que la tutora estaba desbordada con atender a más de veinte criaturas de-

mandantes y, a pesar de su disponibilidad, tenía pocas posibilidades, sugerí a esta chica de prácticas que intentara, con sus ojos mágicos, conectar con ese alumnado.

Y esa futura maestra, ya especialista para mí, supo clavar sus bellos ojos en el alma de este alumno y alentar su desarrollo: jugando, mimando, abrazándolo y mirándolo con amor… Y mira por dónde, se produjo el milagro: llegó a la Educación Primaria sin el diagnóstico prescrito. Estamos necesitados en Educación Infantil de personas como Sandra, que conecten con el alma de infancia para, a partir de ahí, poder educar.

Pues esta maestra, ya mi amiga, ha escrito un libro. Ya vislumbré sus posibilidades detrás de sus bellos ojos y de su generosa sonrisa. Sandra Martín, además de ejercer de maestra en academias, colegios y allá donde le dejan ejercer, se ha dedicado en cuerpo y alma a crear recursos y materiales para mejorar la educación de la infancia. Generosamente lo comparte en sus redes sociales, en donde da consejos y muestra nuevos materiales educativos tras un revelador nombre: «Consquilleando la docencia». Ahí radica la esencia de su mirada educativa. Porque educan las caricias que provocan risas, alegrías y amor.

En esta publicación se recoge una mirada amorosa sobre la infancia. Lo hace a través de un «hilo rojo» que conecta todos los elementos importantes para educar: el profesorado, las familias, el alumnado, la metodología, la cultura, los juegos, la música... y un sinfín de actividades y materiales.

En cinco capítulos trenza sendos hilos: un hilo invisible, en donde explica la importancia del vínculo como motor del aprendizaje y el desarrollo; jugando con los hilos, resaltando la importancia del juego como herramienta de conexión y aprendizaje; los hilos del aprendizaje, explicitando las metodo-

logías vinculantes; hilvanando corazones, mediante actividades, recursos y juegos para conectar; y, por último, no podía faltar, un hilo inclusivo para trabajar desde la diversidad.

No solo narra un planteamiento teórico esencial, mostrando lo importante de la labor docente, sino que nos regala múltiples sugerencias de actividades y materiales didácticos, que pueden ayudar tanto al futuro profesorado de Educación Infantil como a quienes ejercen en educación y necesitan un soplo de aire fresco en su práctica diaria.

Porque Sandra es una esponja que ha absorbido todo lo que aprendió en su vida educativa, lo ha pasado por su cabeza y por su corazón y nos lo regala en forma de un magnífico libro de experiencias sentidas, que conecta de forma amorosa con quienes nos dedicamos a esta noble tarea de educar a la infancia.

Cristóbal Gómez Mayorga

@xtobalgomez

Maestro de Educación Infantil, Pedagogía Terapeuta y Pedagogo

ALBERTO PADILLA

Cierra los ojos y piensa un momento, ¿Cuándo fue la última vez que sentiste cosquillas? ¿Se te erizó la piel o fueron en el estómago aquel primer día de colegio?

¿Fue en la nariz por una alergia?, o en cambio, ¿las sentiste en la lengua al probar aquel plato?

Estoy seguro que al pensar en ello, habrás recordado no sólo el cuándo, sino dónde estabas, con quién te encontrabas, qué hacías... y es que todo está conectado.

Las cosquillas son un nexo perfecto, pues se hacen fiel reflejo de la emoción, y ya sabemos que las emociones son el pegamento para el aprendizaje.

He ahí ese hilo mágico, ese vínculo tan necesario en la infancia.

Si me lo permites, te contaré en lo que he pensado yo, al contestar a esas mismas preguntas:

"Hace ya algún tiempo, me embarque en el viaje apasionante de la educación, un viaje lleno de aventuras donde, como maestro de infantil, he sentido muchas veces esas cosquillas. Siempre me gustó compartir, no solo con mi alumnado y sus familias, sino con otros docentes, futuros docentes y cualquier aventurero o aventurera que se atraviese a disfrutar del fantástico viaje que nos brinda la escuela. Y entre esas aventuras, un día, me topé con alguien, rebosante de ganas, ilusión y pasión, que precisamente provocó, en este maestro, un cosquilleo de amor docente, de admiración, de cercanía. de cuando sabes que ahí, hay "mucho bueno". Por supuesto aquellas cosquillas, nos unieron ya en el camino: un camino también de aprendizaje, juegos y conexión".

Y así fue como Sandra, artífice de este libro que hoy tienes en tus manos, llegó a mi viaje, "cosquilleando la docencia", o lo que es lo mismo "creando vínculos maravillosos", cosquillas que de nuevo sentí al pedirme que abriera, junto a un gran referente educativo para mi como es Cristóbal, esta mágica historia que, con la generosidad que le caracteriza, quiere compartir con vosotros.

Cuando os adentréis en sus páginas, hacedlo sabiendo que sentiréis en varias ocasiones, esas cosquillas, os lo aseguro, pues tenéis delante, el claro ejemplo de conexión en el aprendizaje, tan sólo habréis de seguir el hilo, y ya nunca más podréis perderos.

Os ayudará a entender que es eso del "vinculo" y como crearlo con nuestros niños y niñas, tanto si sois docentes como familias. Lo hace a través de ejemplos claros, prácticos y aplicables a cualquier contexto, donde el juego cobra un papel fundamental. Ejemplos que demuestran la valiosa visión de Sandra, su trabajo durante tanto tiempo y además, engrandecen la práctica docente de esa "educación no formal" de apoyo y extraescolar, que a veces queda supeditada a la reglada en los centros educativos al uso, olvidando la labor tan importante que se realiza aquí también.

Estoy seguro de que lo sabrás disfrutar,

Gracias Sandra, por formar parte del grupo de maestros que tenemos "los pies en el aula y el alma en los sueños".

Alberto Padilla López
@elmaestroalberto
Maestro Educación Infantil.
Autor, escritor y soñador

¿QUIÉN SOY?

Seño, profe, maestra y un largo etcétera suelen ser los más usados para llamarme (incluido el mítico "mamá"), aunque soy conocida como la Seño Sandra. Nací en una tierra de boquerones y sardinas, con olor a mar y la montaña muy cerquita, tierra de grandes artistas. ¡Has acertado! Málaga, Andalucía. Tengo la suerte de poder decir que nací en el día de las madres y un día antes del cumpleaños de mamá, así que fui un regalo en toda regla. Convertí a mi familia en numerosa pues éramos mamá, papá, mis dos hermanas y yo. Con una familia humil-

de, cercana y cariñosa me criaron en valores que a día de hoy me hacen ser quién soy.

Decidí ser maestra cuando en la facultad comprendí que implicaba una gran responsabilidad, pero sin duda, una gran dedicación y amor. Ser maestra significa dar lo mejor de mí, por eso me formé tras el grado de Educación Infantil en dos másteres que acompañan mi recorrido académico: el Máster Universitario en Políticas y Prácticas de Innovación Educativa, en mi ciudad natal, con grandes profesionales de la enseñan-

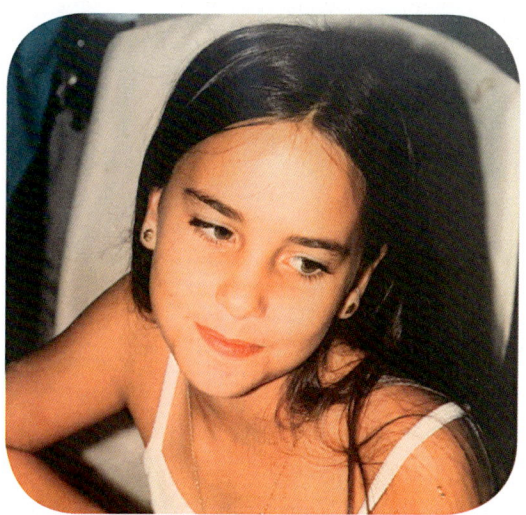

za que enriquecieron mis aprendizajes e influyeron en mi construcción como maestra. El segundo, lo hice a distancia y trata sobre las tecnologías en el aula y en la sociedad. De este segundo, me quedo con la necesidad imperiosa de saber utilizarlas con sentido.

A lo largo de mi camino como alumna y maestra he vivido numerosas experiencias que han marcado la dirección a seguir, algunas de ellas las detallo en el libro. En Redes Sociales se me conoce como @cosquillean-do.la.docencia y si echas un vistazo encontrarás allí la esencia que quiero plasmar en este libro, quién soy yo como docente y por qué trabajo de esta forma. Soy maestra, desde hace ya varios años, en un centro educativo de apoyo escolar donde he tenido la suerte de experimentar la enseñanza en varias etapas educativas. Esto me ha permitido adaptarme a las necesidades y ritmos de cada niño y niña, a proporcionarles los elementos adecuados que necesitan para que construyan su propio aprendizaje. Aprendo

cada día de mi alumnado, pues me enseña a ser flexible, a ser su guía y acompañante en sus aprendizajes, a buscar la forma de motivarles, y a ser parte de su proyecto personal. ¡Tengo la gran suerte de recorrer junto a ellos el camino de la vida!

Y en este recorrido transitado entre la formación y la práctica, entendí que hay un elemento IMPRESCINDIBLE en la educación, del cual pasa desapercibido, invisible, como si no fuera necesario para todos los aprendizajes y desarrollo. Un

aspecto que es la razón principal de que hoy esté aquí, escribiendo estas líneas para compartirlo contigo: CONECTAR con nuestros niños y niñas.

Espero que en estas palabras encuentres el hilo adecuado para conectar con tu alumnado, desde el conocimiento, la motivación, la ilusión, el juego y la mirada a la infancia. Al inicio de cada capítulo, te dejo unas "píldoras" a modo de frases para que las reflexiones, las interiorices y formen ahora parte de ti. ¡Buena lectura!

índice

CAPITULO 1 "UN HILO INVISIBLE"
¿Por qué conectar? La vinculación como motor de aprendizaje y desarrollo

CAPITULO 2 "JUGANDO CON HILOS "
El juego como herramienta de conexión y aprendizaje

CAPÍTULO 3: "LOS HILOS DE LA INFANCIA
Enfoques metodológicos que vinculan

CAPITULO 4 "HILVANANDO CORAZONES"
Dinámicas, actividades, recursos y juegos para conectar

4.1. Dinámicas y actividades

4.2. Recursos, materiales educativos y juegos

CAPITULO 5 "EL HILO INCLUSIVO"
Conectar para atender a la diversidad

15

"UN HILO INVISIBLE": ¿POR QUÉ CONECTAR? LA VINCULACIÓN COMO MOTOR DE APRENDIZAJE Y DESARROLLO.

Existe un elemento invisible en la Educación que apenas puede percibirse. Sin embargo, algunos docentes con curiosidad emocional lo detectan. Y es que "conectar" con tus niños y niñas es tan vital en la escuela como lo son las letras y números. Este elemento, este vínculo, aunque no se perciba a simple vista sí que posee las características adecuadas para que sea interceptado por los sentidos, pues las emociones, los sentimientos, los intereses, las características individuales y las almas de cada niño y niña son caminos que conducen a crear estas conexiones. ¿Por qué conectar es importante? ¿Acaso no es algo natural?

En la actualidad, en esta era digital, vivimos conectados a objetos con tecnología puntera capaces de realizar por nosotros todo aquello que necesitamos (como la nueva inteligencia artificial, que, a día de hoy, podría realizar todo tipo de mandatos y tareas de forma autónoma). No quiero decir que las tecnologías de la información y comunicación sean un elemento "maquiavélico" en nuestra vida y profesión, pero es necesario repensar y reflexionar hasta qué punto vivimos conectados a ellas y más desconectados entre los seres humanos, pues quizás deberíamos revertir este proceso.

En el ámbito educativo, en nuestra labor, la mayoría de nuestros niños y niñas están conectados a las pantallas, en algunos casos desayunan viendo dibujos animados y no recuerdan ni qué han desayunado ese día, ni qué ha traído

su compañera, ni han intercambiado frutas y galletas con su compañero de al lado... Esto hace que, sin duda, los niños y niñas estén "dormidos", sucumbidos a lo que una tecnología decida qué aprender, qué experiencias vivir. Creo que no nos damos cuenta hasta que permanecemos desconectados del lugar, de los otros, del aprendizaje, de nuestra bonita y gran tarea que es la de educar.

Como bien dice mi amigo y maestro Cristóbal Gómez Mayorga (2021), haciendo alusión al concepto creado por el artista Alejandro Jodorowsky, existen en la escuela momentos "psicomágicos", que, para mí, son esos momentos en los que siento y percibo de forma tangible que se producen una serie de conexiones entre corazones y cerebros, entre alumnado y docente, y entre compañeros de clase. Estos momentos, que llevo observando años, abren a la escuela y familia la oportunidad de vivir una educación desde el afecto y el respeto a la infancia con el fin de lograr un bienestar y un desarrollo pleno.

Entre las experiencias que nos pueden ayudar a ver esa conexión debo destacar varias situaciones tanto como alumna y como docente que hicieron que este elemento cobrara sentido en mi construcción como maestra, como persona y que, por lo tanto, quiero compartir contigo. Te propongo el siguiente ejercicio: ponte las gafas de detectar vínculos y acompáñame a encontrar el elemento que le da sentido al aprendizaje.

1. UN MAESTRO SINGULAR:

Cuando la geografía y la historia se nos hacía difícil de asimilar, este maestro nos ayudaba a estudiar. Sus clases llenas de anécdotas en relación a la materia y lo más característico de ellas era lo siguiente: antes del examen, podías contestar oralmente a preguntas del tema que te "salvaban" del realizar el examen. Teníamos la opción de expresar los aprendizajes de otra forma distinta al escrito, hacíamos trabajos sobre temas relacionados con la historia de interés. Vamos, que 30 años más tarde, esto se conoce como uno de los principios y pautas del Diseño Universal del Aprendizaje (DUA) que favorece la inclusión en el aula.

Lo recuerdo ahora y pienso en cómo conectaba con el alumnado que repetía curso, cómo los motivaba a aprobar su asignatura (y lo conseguía), cómo llevaba por "bandera" la premisa de: todos pueden lograrlo. ¡Y qué gran verdad me enseñaste, maestro!

2. UNA CRÊPE PARA TODOS:

Si hoy día soy maestra, creo sin duda que es gracias a ella. Su ilusión y pasión por aquello que enseñaba, su sonrisa de oreja a oreja día tras día, hacía que la asignatura de francés fuera el momento más esperado de la jornada. Su manera de conectar era desde el cariño, el afecto, la felicidad y la escucha. Utilizaba una pregunta que cambiaba el estado de ánimo de cualquier niño y niña, de cualquier adolescente y que resulta tan relevante para el aprendizaje: "¿Cómo estás?, ¿Estás bien? ¿Qué te ocurre? Cuéntamelo, estoy aquí para ti". Y es que quizás parece obvio, pero preguntar a nuestros niños y niñas e interesarnos por su bienestar es parte de la vida cotidiana del aula e independientemente de su edad, todos necesitamos un lugar seguro en el cual podamos sentirnos seguros y refugiados. Esta maestra enseñaba el francés desde la propia esencia francesa, potenciando nuestras fortalezas y llevándonos a amar este idioma, este país, ocupando para siempre un lugar en nuestros recuerdos y corazones.

Gracias maestra, por conectar desde lo más maravilloso que posee el ser humano: Tu esencia, que ahora forma parte de mí.

3. EL NIÑO QUE NO PODÍA VER SU REALIDAD

Durante mi etapa de prácticas viví una situación que marcaría mi trayectoria. En la clase de 3 años hay un niño tímido que apenas habla, tiene rabietas constantes, se muestra "inmaduro", y "llora mucho". Se le estudia desde la orientación educativa y tras una breve observación, se piensa en una primera instancia en una etiqueta que llevaría a ese alumno a estar condicionado toda su vida. Desde mi metro cuadrado, desde mi mirada que percibe aquello que no se ve, me doy cuenta que este niño interactuaba con sus compañeros y compañeras, expresaba lo que sentía (yo utilizaba las cosquillas, le hacía enojar si le cogía su mochila, etc., pero él expresaba sus emociones y sentimientos; estaba presente). Sin embargo, el momento de la ficha no lo entendía, no le interesaba, se frustraba, y lloraba. Según su papá y mamá no reconocía al padre en el parque, pues "no hacía caso".

A lo largo del curso, el niño fue mejorando en su lenguaje cuando comenzaron a trabajar un programa de conciencia fonológica, también mejoró en el desarrollo social porque el grupo clase comprendía lo que necesitaba o le sobraba. Mejoró en su psicomotricidad gruesa, pues, al principio apenas se movía, y parecía tener miedo. Al borde de la etiqueta del espectro autista, conseguimos junto con la tutora y el maestro de PT, que se estudiara este caso desde todos los ámbitos posibles y "salvamos" a este alumno de una etiqueta, puesto que todo lo que estaba sufriendo era fruto de su deficiencia visual.

Este alumno nos enseñó a ponernos los docentes las gafas de la diversidad, de poder comprender al niño por encima de la etiqueta a simple vista (que en otros muchos casos son necesarias y ayudan a su desarrollo). En este caso, la etiqueta era errónea.

Gracias por enseñarme que las cosquillas salvan, nos salvan de las etiquetas y nos ayudan a conectar los unos con los otros, y conectar con la escuela.

4. EL LIBRO DE LAS LETRAS

En mi trabajo puedo ver cómo a medida que la sociedad va evolucionando en estos años hay sentimientos, desde la infancia, de frustración, impotencia, ansiedad y estrés por el frenético tiempo, influyendo en el desarrollo de los niños y niñas desde prácticamente al nacer. "Con esa edad mi niño ya hacía..." Y así, llegan a los 5 o 6 años con el miedo, las lágrimas en los ojos por no saber leer y escribir como "otros que sí lo hacen".

En este caso, una niña me dijo que ella jamás podría leer. La rotundidad con la que me lo dijo, no os voy a mentir, me impactó y las sentí como si fueran dirigidas a mí. ¿Qué podemos hacer los docentes ante esta situación? Lo primero fue comprender su difícil relación con las letras y lo segundo, actuar. En esa comprensión, trabajamos la autoestima, el logro de pequeños objetivos y su refuerzo, para desde ahí, impulsar esa conexión, no solo conmigo o sus compañeros y compañeras de clase, sino con las letras. Empezó entonces a ver las letras de otra forma, a ver más allá de grafías sin sentido que no poseen conexión alguna con su realidad. Empezó a relacionarlas con los nombres de su familia, con los elementos que la rodean, con aspectos propios de su cultura. Ahora no solo sabe que puede leer, sino que sabe que puede conseguir todo aquello que se proponga, porque cree en sí misma, porque sí pudo y puede.

Gracias querida alumna por enseñarme que conectar con la lectoescritura puede ser un proceso doloroso pero bonito cuando tienes cerca personas que te impulsan. Los docentes debemos, desde la ilusión, ser impulsores de vínculos para el aprendizaje.

5. UN LUGAR DE CONVIVENCIA.

Tengo la suerte de que, en mi lugar de trabajo, convivimos. Sí, convivimos como un gran equipo con los mismos principios, normas y objetivos. Por ello, ocurren experiencias educativas que adquieren sentido. Una de ellas fue el día que todo el alumnado debía realizar un puzle en equipo. Todo ello comenzó por la idea de dar como reto a aquel alumno que parecía no tenía ilusión por nada. Ese día, aquel puzle de invierno se convirtió en un reto que llevó al alumnado a crear estrategias para que, entre todos, consiguieran terminar aquel puzle.

Observé cómo los alumnos se ayudaban, ponían en práctica herramientas de razonamiento lógico, compartían opiniones, y tomaban decisiones en grupo.

A veces, conectar significa abrir tu realidad a otros, invitar a la interacción social para sentirnos parte del grupo, de la sociedad. Conectar con los otros es reconocer que soy única como persona y necesaria y perteneciente a una comunidad en la que me respetan y me quieren por lo que soy, en la que no existen las etiquetas, en la que me siento segura y confiada. ¿No es ese el clima educativo que debería habitar en la escuela?

Estas experiencias nos ayudan a percibir la conexión humana como vínculo para el aprendizaje y el desarrollo. Hablar de vínculo significa hablar de conexiones, de apego seguro y de amor. La construcción de un apego seguro contribuye no solo al bienestar emocional de los niños y niñas, sino también a un ambiente de aprendizaje más positivo y efectivo.

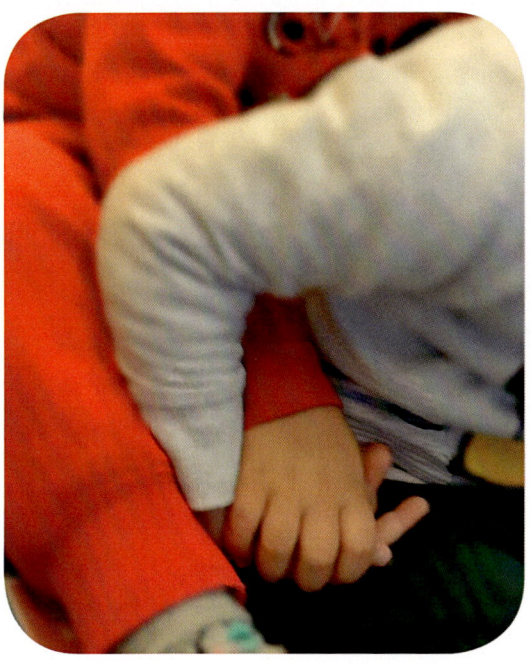

La escuela es la segunda casa de un niño y una niña. Una casa donde el alumnado se siente seguro, apoyado, escuchado, querido y donde cada niño y niña se siente imprescindible en el grupo, pues las relaciones y los vínculos que se forman son de gran relevancia. ¿Por qué si no entonces los niños y las niñas recuerdan anécdotas, experiencias y a sus profesores tantos años después? ¿Cuáles son los aspectos más importantes que recuerdan de sus profesores? ¿Su cariño, su forma de hablar, su paciencia, su capacidad de escuchar? Veamos brevemente lo que nos dice la ciencia sobre ello.

Existen dos vínculos afectivos que son cruciales para el desarrollo de competencias emocionales y sociales: el apego entre sus iguales, es decir, entre el alumnado, y el vínculo afectivo entre el alumnado y el profesorado. Bisquerra (2016, p. 104) relaciona el vínculo entre profesorado y alumnado y el rendimiento académico, explicándolo de la siguiente forma:

"Cuando esta relación es de alta calidad, el alumnado tiende a utilizar a su profesorado como fuente de recursos para el aprendizaje para la vida. Esto afecta positivamente a la prevención y resolución de problemas, a la implicación del alumnado en el aprendizaje, a la reducción de la conflictividad, y a la mejora de la convivencia y del rendimiento académico."

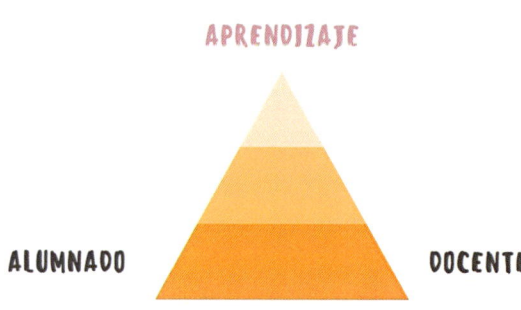

De la misma forma, también hay efectos perjudiciales por relaciones negativas entre ambos sujetos, que influyen directamente en el aprendizaje y desarrollo de los niños y niñas. Pero lo que si

está claro, es que estas relaciones sociales tienen una base emocional que le da forma. Aquí entra en juego, lo que conocemos por el apego.

El apego, que se establece en las relaciones del alumnado y estas a su vez con la figura del profesorado, forma una base segura que, como bien expresaba Bowlby (1988, citado por Geddes, 2010), proporciona desde edades tempranas fuertes vínculos emocionales. Este autor investigaba estos vínculos en figuras de apego de madres y sus bebés, pero son ampliamente extrapolables a las relaciones emocionales que se establecen en las escuelas, ya que como indicaba anteriormente, es la segunda casa de los niños y niñas.

Los avances del estudio concluían que los bebés con figuras de apego con base segura tenían una influencia positiva en su bienestar (Geddes, 2010) y, si tenemos esto en cuenta respecto a los procesos que se llevan a cabo en las escuelas, el apego rompe con el modelo piramidal del aprendizaje donde solo se tenían en cuenta los dos sujetos que intervienen en él: el alumnado y la figura del docente. Páez et al. (2006, citado por Ceballos y Sevilla, 2020) exponen que la motivación, autoestima y conciencia emocional dependen en gran medida del vínculo y apego de las fuentes más cercanas a los niños y niñas.

Si incluimos el apego como la base de ese proceso, el modelo cambia y aparecen nuevos aspectos que influyen directamente en el progreso y desarrollo global del alumnado como: el clima emocional que se establece en las aulas; la importancia del alumnado no solo como sujeto activo del proceso de aprendizaje sino como una persona que lleva consigo su propia "mochila" de experiencias, emociones y sentimientos; la función del docente, y las relaciones desde los vínculos emocionales que las consolidan. Por lo tanto, el apego y la conexión o vinculación con el alumnado están directamente relacionadas.

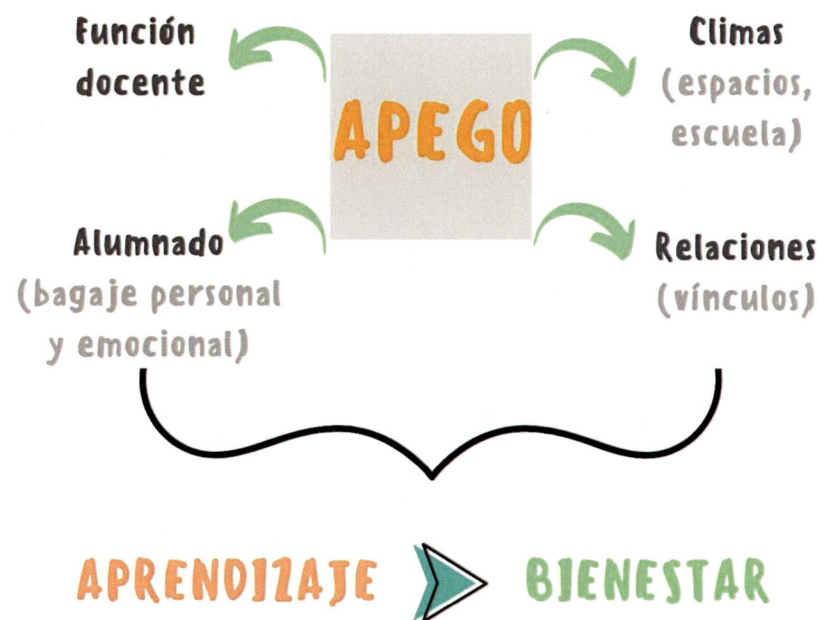

Por tanto, ¿influye el apego emocional en el aprendizaje y la educación de los niños y niñas? Schore (2000, citado por Geddes, 2010) señalaba que la interacción "cara a cara" pone de manifiesto el afecto y el papel de la sonrisa y la mirada afectiva como estímulo positivo de la producción bioquímica que influye directamente al desarrollo del cerebro.

La Neuroeducación respalda estos estudios añadiendo que las emociones tanto positivas y negativas afectan directamente en el aprendizaje, siendo éstas cruciales para el buen desarrollo neurológico (Mora, 2017).

Además, en este proceso se le da especial importancia al contexto y las experiencias que los niños y las niñas tienen tanto en la escuela como fuera de ella, siendo el apego un aspecto relevante en el buen clima del aula y en las relaciones sociales que se establecen. La función del docente será, entre otros, establecerse como una figura de apego

segura en la que los niños y niñas consoliden su base afectiva y emocional.

Entonces, ¿cómo podemos los docentes y familiares crear vínculos emocionales con nuestros niños y niñas desde la práctica?, ¿cuáles son las señales que nos ayudan a crearlos y detectarlos?

LA MIRADA:

Estudios científicos avalan que mirarse a los ojos activa nuestro cerebro social y emocional. No debemos confundir observar con mirar, pues cuando observamos visualizamos parte de lo que ocurre a nuestro alrededor, mientras que cuando miramos focalizamos nuestra atención en aquello que deseamos profundizar. Por lo tanto, cuando miramos a nuestros niños y niñas al hablarles, al agacharnos y ponernos a su altura, estamos generando el contexto idóneo para que se pueda crear un vínculo de confianza y seguridad. Es tan importante la mirada como la altura en la que se mira; ponernos a su altura significa poner el foco en la infancia, en su bienestar. Significa ser docentes comprometidos con la tarea de educar dejando atrás el poder que poseemos como adultos y maestros. Significa abrir nuestro corazón para que juntos podamos desarrollarnos como seres humanos sociales. Esto es lo que se conoce como "mirar a la infancia", que significa contemplar de forma atenta todos los elementos (materiales e inmateriales) que influyen en el bienestar, aprendizaje y desarrollo de los niños y niñas.

Esta tarea implica por parte del profesorado la observación analítica de lo que ocurre en su aula, qué situaciones se dan ella, qué relaciones e interacciones sociales se establecen, cómo son los espacios y tiempos, qué diversidad coexiste, qué emociones se ponen en juego, cómo se resuelven los conflictos, etc., para, de esta forma, poder repensarlos, reflexionarlos y transformarlos. Seremos pues, investigadores de nuestra práctica, detectives de lo invisible, exploradores de la realidad en el aula.

LA ESCUCHA:

Al igual que ocurre con la mirada, no es lo mismo oír que escuchar. Oímos a nuestros niños y niñas, pero ¿realmente realizamos con ellos esa escucha activa? ¿Hay espacio y tiempo en la escuela para escuchar sus necesidades, sus intereses, sus inquietudes? ¿Escuchamos sus llantos que demandan sus carencias? ¿Escuchamos sus rabietas que nos explican sus anhelos? En clase, debe haber momentos de escucha activa de forma planificada donde se anteponga lo que los niños y niñas necesitan en ese momento frente a lo que no es importante. Quizás, por ejemplo, deberíamos reflexionar sobre si tiene mayor prioridad una ficha de la grafía del número 1 o realizar, en asamblea grupal, una lluvia de ideas de cómo hacer que nuestro compañero que está triste porque falleció su perrito pueda sentirse mejor. Ese llanto, esa tristeza que quizás los adultos podemos dejar pasar puede convertirse, en un futuro, en un problema mayor. Es cuestión de prioridades y de escuchar la realidad de cada día en el aula, esa aula viva que requiere de atención.

LA PALABRA:

¿Qué poderes tienen las palabras? Hay palabras que producen emociones, sentimientos, reflexiones. Las palabras tienen un gran poder, no sólo para comunicarnos, sino para desarrollarnos y construirnos en sociedad. Las palabras crean pensamiento, aprendizaje y comunicación. Hoy en día, en la etapa de Educación Infantil, las palabras tienen el poder de motivar al alumnado, o en un mal uso de ellas, propiciar un fracaso escolar. Las palabras son como un vehículo que transporta los elementos que constituirán el proceso de enseñanza-aprendizaje de los niños y niñas de estas edades, por lo que tienen un papel relevante en su desarrollo. La palabra impulsa, ayuda a conectar con nuestros niños y niñas, les invitan a expresarse, a relacionarse, a explicar su mundo, a vincularse con los de su alrededor. La palabra, el lenguaje, es crucial para generar un lazo afectivo, por ello es importante conocer cómo hablamos con nuestro alumnado, desde dónde les hablamos y si generamos espacios y tiempos en el aula para conversar.

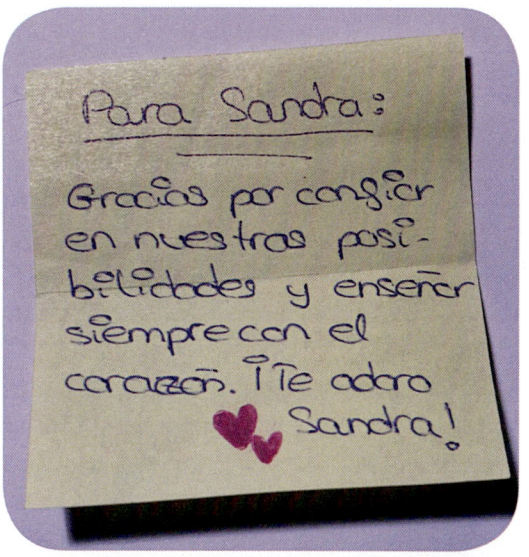

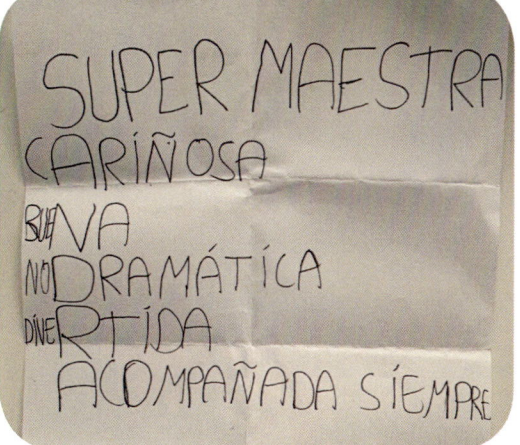

LA MÚSICA:

Los niños y niñas, desde edades muy tempranas, reconocen el ritmo y aprenden a través de canciones e instrumentos musicales. Estas canciones suelen ser, en primer lugar, de acciones rutinarias, objetos y situaciones familiares a los niños y niñas, y a medida que van creciendo van ampliando su repertorio. La música es una herramienta de vinculación porque, cuando bailamos o cantamos, no solo nos activa la memoria, la atención y los sentidos, sino que, según estudios científicos avalados, nos genera endorfinas que ayudan a la reducción del estrés, la tensión y la regulación de nuestra respiración, además de ayudarnos a crear vínculos con otras personas. Por otra parte, la música es placentera, nos divierte y conecta con aquello que cada persona desea expresar. La música y las emociones están ligadas o si no, ¿cómo explicarías cuando buscamos una canción determinada en un momento de emoción exacto? La música es esencia, y toda esencia hace conectar.

A los niños y niñas les gusta la música desde incluso, antes de nacer. El ritmo, el tono, los sonidos, los instrumentos musicales, etc., son el mejor vehículo para conectar con aquello que desean aprender. De ahí viene que recordemos la letra de una canción especial, aunque llevemos años sin escucharla y, sin embargo, no sepamos poder decir de memoria todos los principales ríos de Europa.

Actualmente hay una gran apuesta metodológica que algunos docentes han establecido en sus clases donde se aprenden contenidos mediante canciones sobre los mismos. Los niños y niñas disfrutan cantando a la vez que aprenden, se expresan a través del movimiento del cuerpo y la música, dándole sentido al aprendizaje. Es una gran forma de interiorizarlo y conectar con el aprendizaje, ¿no es cierto?

EL CARIÑO:

Abrazos, manos que apoyan y empujan. Generar afecto en el alumnado supone estrechar una conexión con los docentes, marcando los límites entre el afecto y cariño que el alumnado necesita y sus carencias afectivas y emocionales, frente a las de los adultos. Ofrecer cariño es abrir los brazos para que los niños y niñas conozcan que el adulto estará ahí para ellos. En Educación Infantil, existe un pensamiento muy arraigado, propio del cuidado en la primera infancia, sobre la importancia del cariño. En otras etapas educativas, se plantean si los docentes debemos dar afecto o no. Y yo me pregunto: ¿Acaso no es el afecto en todas sus dimensiones y formas de expresión, la mayor prueba de conexión con los niños y niñas? Cuando realizan un dibujo, te sonríen, dan un abrazo, chocan las manos, cuando prefieren sentarse cerca de ti, cuando te regalan un trocito de sí mismo, etc., eso es afecto, es amor y depende del adulto atender y corresponderlos para su bienestar.

> "Somos seres amorosos y sociales. Solo desde el equilibrio que nos da el amor y el vínculo con los seres queridos tenemos seguridad para atrevernos a lidiar con nuevos aprendizajes."
>
> (Gómez Mayorga, 2021, p. 153).

LA CULTURA:

En nuestro mundo multicultural, resulta necesario conectar con nuestro alumnado desde el respeto y conocimiento de la cultura que forma parte de sus orígenes, de su contexto. Esto significa que no solo debemos integrarnos como sociedad, sino enriquecernos de las culturas adyacentes a la nuestra. En el alumnado esto se transforma en conocer sus orígenes y el de su familia, compartir con los demás sus costumbres y tradiciones, respetar las diferencias y amarlas, convivir con otras culturas en el mismo espacio educativo. ¿Cómo voy a conectar con mi alumnado si ni siquiera conozco de dónde viene? ¿De dónde son sus padres? Este aspecto tiene mucha relación con el siguiente punto.

CONOCE A TU ALUMNADO:

Resulta evidente que conocer a nuestro alumnado debe ser tarea prioritaria indiscutible. Sin embargo, a veces ocurre que, en esas aulas desconectadas, realmente la comunidad educativa no se conoce. Como robots en su jornada laboral de 9:00 a 14:00, tanto docentes, como alumnado, y familias que recogen a sus hijos e hijas cada día sin preguntar: ¿qué tal hoy? o un ¡Hasta mañana profe! Poner el foco en conocerlos significa comprender la realidad de cada niño y niña, sus actitudes y comportamientos, su personalidad, su contexto. ¿Y cómo utilizo toda esa información para el aprendizaje? Para crear tanto situaciones de aprendizaje como otras estrategias metodológicas adaptadas a las necesidades, intereses e inquietudes de los niños y niñas. Acciones como ofrecer espacio y tiempo de calidad a cada niño y niña de forma individual, estar presentes para ellos, mantener conversaciones con ellos y ellas, etc., son clave para generar aprendizajes con sentido y significativos para nuestros niños y niñas.

LOS COMPAÑEROS Y COMPAÑERAS:

Un componente fundamental en el aprendizaje y desarrollo de los niños y niñas, son, sin duda alguna, sus iguales. Cuando conversan juntos, se ayudan entre ellos, se abrazan, aprenden juntos, se relacionan y resuelven sus diferencias, se ayudan a calmarse, se ven reflejados en el otro... eso es

aprendizaje. Crear este tipo de vínculos ofrece al alumnado la oportunidad de desarrollarse en sociedad, de convivir, respetar y ser respetado, dialogar y debatir de la vida en la escuela. Por ello, mediante asambleas diarias, actividades de comunicación oral, dramatizaciones, cuentos, y todo lo que implique vivir en grupo y tener tu representación dentro del mismo, se consigue crear un vínculo con lo que se vive y se aprende.

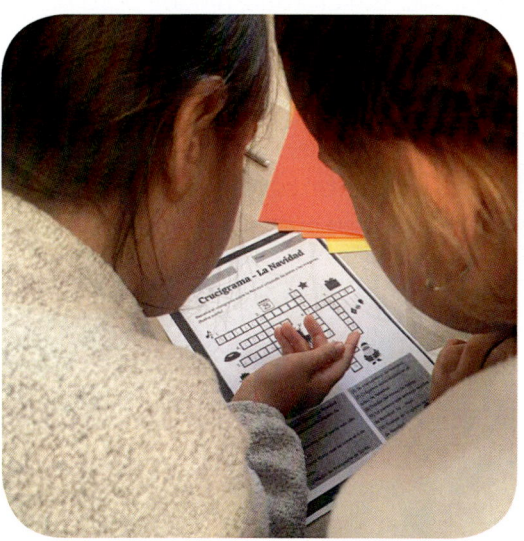

LA FAMILIA:

Pilar básico en la Educación. La relación familia y escuela basada en el respeto, la cooperación y participación, es clave en el día a día del aula. Cuando las familias entran en la escuela, en el aula y participan de ella, podemos observar cómo estas aplanan sus miedos, aumentan su confianza, y sienten curiosidad educativa en aquello que sus hijos e hijas aprenden. El docente y la familia son un todo, unidos para crear el ambiente idóneo para que sus hijos e hijas reconozcan la escuela como su segundo hogar. Abrir las puertas a las familias significa crear con ellas y sus hijos e hijas un equipo en el que todos remamos en el mismo sentido.

Actividades como desayunos con familias en la escuela, conocer las profesiones de las familias para aprender sobre cada una de ellas, realizar actividades con los abuelos, cuentacuentos con familias, exposiciones preparadas en casa con su ayuda, tardes de reuniones para nuevos proyectos con las familias, etc., son algunas de las opciones para que las familias se sientan parte de la escuela, porque lo son. Porque si nos paramos a pensar, nunca salimos de la escuela, simplemente cambiamos de rol en ellas: pasas de ser alumnado a miembro de la familia, y el caso de ser docente, a ambas a la vez. ¿Qué sentido tendría para el aprendizaje y desarrollo de los niños y niñas que la familia y la escuela fueran por separado?

LA ILUSIÓN Y EL AMOR:

Cuando los maestros y maestras, y en general el adulto, estamos ilusionados por nuestra labor, educar cobra sentido. La ilusión y el amor, como motor en la vida, nos ayuda a generar con nuestros niños y niñas un ambiente cálido y seguro donde las ilusiones nos permiten viajar hacia el aprendizaje otorgándole sentido a lo que los niños y niñas realizan, experimentan y aprenden en clase. Cuando la ilusión del docente, del adulto, conecta con la ilusión de los niños y niñas como grandes curiosos innatos, aventureros sin límites, investigadores y buscadores de respuestas a su mundo, la enseñanza los prepara para la vida y deja una huella en cada niño y niña. Dicen que el amor mueve montañas; yo digo que el amor educa y enseña.

De esta forma podemos afirmar que la vinculación emocional está ligada al aprendizaje, que lo emocional y lo cognitivo confluyen en un mismo desarrollo. Y que, por tanto, nuestra intervención educativa debe considerar este aspecto como fundamental para que se desarrollen otros.

Cuando estamos conectados, el aula está viva, llena de magia y energía, de vitalidad. Llena de momentos de cariño, apoyo y ayuda, de sonrisas y llantos que les permiten expresar sus anhelos y sus necesidades. Llena de miradas, de escucha activa, de participación y respeto mutuo. Llena de amor a la diferencia, de estar presente y observar su mundo, su realidad. ¿Acaso no son estos principios pedagógicos los que deben formar parte de nuestra metodología?

Conectar significa crear un hilo invisible que una el aprendizaje con nuestros niños y niñas, creándolo junto a ellos. Conectar significa hacer "clic" en cada niño y niña, en sus familias, en otros docentes, en la comunidad educativa, con el deseo fiel de lograr un aprendizaje con sentido y "consentido". Queremos lograr una educación unida, una que vele por una escuela afectiva, que otorgue seguridad y confianza donde los niños y niñas sean ellos mismos los verdaderos protagonistas de su crecimiento y desarrollo personal en todos sus ámbitos y desde su propio ritmo.

Por tanto, se puede reflejar en estas palabras lo imprescindible que resulta generar un vínculo con nuestros niños y niñas, con sus familias, con tu propio claustro, con la comunidad educativa. Así y solo así, el aprendizaje irá unido al propio proyecto de vida de cada niño y niña, a su desarrollo y bienestar.

Conectar es mágico, es energía, es un hilo que conecta mentes y corazones.

Conectar es aceptar que, como seres humanos sociales, nos necesitamos para construirnos, para evolucionar. Conectar en la escuela es tejer juntos del mismo ovillo de lana con la seguridad de que construiremos un mundo mejor, empezando por nosotros mismos.

Por aquí te dejo este código QR con preguntas e indicadores que pueden servir como punto de partida para reflexionar sobre la conexión emocional en el aula o en casa y ayudarte a identificar áreas de fortaleza, para pasar a la acción y poner en juego (nunca mejor dicho, como verás en el siguiente capítulo) las posibles mejoras para lograrlo.

CAPÍTULO 2

LA IMPORTANCIA DEL JUEGO COMO HERRAMIENTA DE CONEXIÓN Y APRENDIZAJE

"El juego conecta la curiosidad, el interés y el deseo de aprender con la luz que cada niño y niña posee. Jugar conecta con la esencia, alma y cultura de la infancia".

Los docentes e investigadores expertos afirman que el juego es un lenguaje universal, un lenguaje que sirve para comunicarnos, expresarnos y construirnos en sociedad. El juego permite a los niños y niñas conocer el mundo que les rodea. En su concepto más general, el juego es un mecanismo innato; nace de la curiosidad en la infancia, y, por lo tanto, no es posible entender la infancia sin juego.

¿Qué significa para ti jugar? ¿Qué emociones y recuerdos te evocan esta palabra? Tómate unos segundos y piénsalo: Jugar es… Estoy segura que entre algunas de esas palabras se encuentran: alegría, familia, diversión, risas, felicidad, aprendizaje. Y no es que yo sea adivina (más me gustaría a mí tener ese superpoder), sino que el juego como tal provoca una serie de emociones y sus experiencias nos recuerdan situaciones agradables. Esto define el juego: agradable, natural y placentero en el ser humano. Entonces, ¿para qué jugamos?

De esta forma, el juego en el ámbito educativo adquiere un gran potencial como herramienta de aprendizaje y desarrollo. Sánchez Montero (2021) destaca el juego para lograr el desarrollo global del alumnado en todas sus dimensiones. En este sentido, el aprendizaje a través del juego se construye desde el descubrimiento, exploración e investigación de la infancia, con el fin de la diversión y la resolución de sus inquietudes, promoviendo de forma transversal el desarrollo integral y el aprendizaje en los niños y niñas.

> "Jugar no es un descanso del aprendizaje. Es un aprendizaje, interminable, encantador, profundo, atractivo y práctico. Es la puerta al corazón del niño."
>
> (Vince Gowmon).

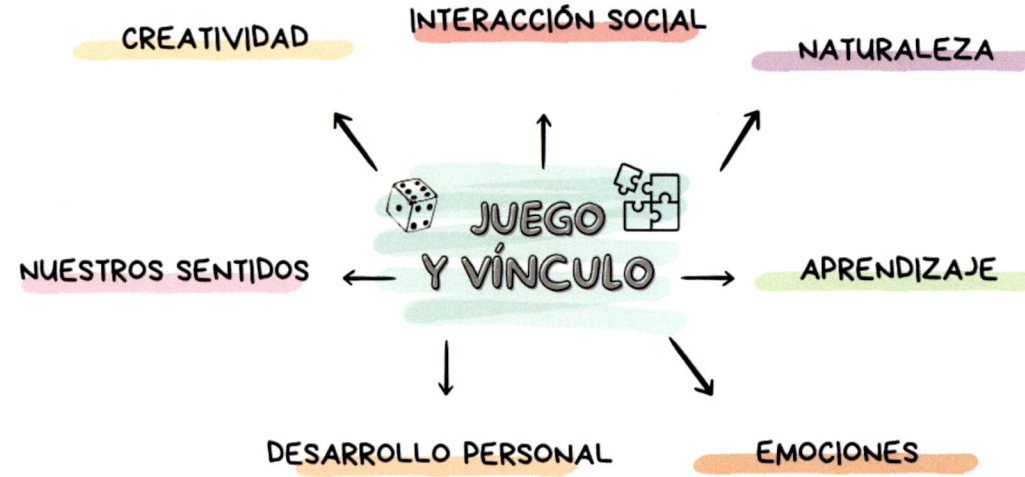

CREATIVIDAD

INTERACCIÓN SOCIAL

NATURALEZA

NUESTROS SENTIDOS

JUEGO Y VÍNCULO

APRENDIZAJE

DESARROLLO PERSONAL

EMOCIONES

Si jugar es aprender, es emocionarse, es compartir, es socializar, es construir (Couso, 2023) es crear, etc., también significa que jugar es conectar. ¿Y de qué manera el juego es una herramienta de conexión o vinculación con el aprendizaje y el desarrollo de los niños y niñas?

El juego es un medio de conexión y vinculación que nos permite:

1- CONECTAR CON NUESTRA CREATIVIDAD:

Nos invita a imaginar, inventar y crear.

2- CONECTARNOS:

Desarrollando habilidades sociales a través de las normas que implican el juego, al compartir y jugar juntos. Por ello, el juego permite diferentes agrupamientos que abarcan desde el juego en solitario, en parejas, en pequeños grupos y en gran grupo.

3- CONECTAR CON LA NATURALEZA:

Descubriendo, explorando e investigando nuestro medio natural, a través de nuestros sentidos.

4- CONECTAR CON EL APRENDIZAJE:

Ofreciendo situaciones lúdicas que favorecen el desarrollo cognitivo, motriz, lingüístico, etc. Los elementos propios del juego tanto estructurado (con sus reglas e instrucciones, dinámicas y recompensas) como los del no estructurado activan las funciones ejecutivas del cerebro como son la atención, memoria, rapidez cognitiva y control inhibitorio, toma de decisiones, flexibilidad cognitiva, planificación y fluidez verbal.

5- CONECTAR CON NUESTRAS EMOCIONES:

No solo nos ayuda al desarrollo de la inteligencia emocional, generando emociones y sentimientos en aquellos que juegan como la diversión, felicidad y disfrute, sino que también nos ayuda a gestionar y regular las emociones y sentimientos como la frustración, aplicando mecanismos para regular la conducta.

6- CONECTAR CON NUESTRA PERSONALIDAD:

A medida que jugamos, vamos construyendo nuestra identidad y personalidad, formando de forma cada vez más ajustada nuestros gustos, hobbies, siendo cada vez más selectivos en el juego, conociendo nuestros juegos favoritos...

7- CONECTAR CON NUESTROS SENTIDOS:

El juego activa nuestros órganos sensoriales tales como la escucha activa, la observación directa, las sensaciones táctiles, etc.

Estos aspectos que forman parte del juego permiten integrar diferentes estrategias metodológicas, configurando diversos tipos de juegos entre los que se destacan los siguientes:

JUEGO LIBRE

El juego libre es el juego en su máximo exponente creativo y subjetivo. Es una herramienta en la que prevalecen las necesidades e intereses de cada niño y niña. Este tipo de juego responde como tal a las características individuales de los niños y niñas, por lo que lo hace esencial en la atención a la diversidad y la inclusión educativa.

En el juego libre, los docentes podemos observar cómo el alumnado interpreta su propio mundo, cuáles son sus gustos y necesidades, e incluso, podemos usarlo como momento clave en el proceso de evaluación mediante la observación directa y sistemática, ya que es en esos momentos cuando el alumnado puede expresarse, como su propio nombre indica, de forma libre: sin presiones, sin un papel frío, sin percibir ser sujetos de estudio. Así pues, el juego libre otorga mucha información relevante para el proceso de enseñanza-aprendizaje.

El juego libre, sin reglas ni estructura, favorece la creatividad e imaginación del alumnado, al nivel de que ellos y ellas inventarán y crearán sus propias reglas, tomarán decisiones, establecerán sus propios juegos y modificarán sus instrucciones de juego adaptándose a ellos a ellas. El juego libre, tanto en solitario como compartido, ayuda desde las edades más tempranas a explorar desde su entorno cercano como es su realidad, y les activa estrategias para saber vivir en esa realidad.

JUEGO REGLADO

Las reglas e instrucciones son necesarias tanto para nuestro desarrollo, como para convivir en sociedad y, como parte de un juego, estas nos otorgan la base para que el desarrollo del juego se realice de forma correcta. Comprender, aceptar y modificar reglas ayudan al desarrollo óptimo de nuestro cerebro poniendo en jaque las funciones ejecutivas que nos permiten jugar de una forma más objetiva, teniendo presente qué acciones podemos desarrollar y cuáles no. En el mercado existen muchos juegos reglados entre los que se destacan los juegos de mesa, creados en primer lugar para su uso y disfrute, pero con gran sentido educativo en la actualidad desarrollándose cada vez más en las escuelas y Proyectos Educativos. Este aspecto lo reservo para el próximo capítulo, puesto que tiene mucho en común con la metodología "Aprendizaje basado en el Juego (ABJ)".

JUEGO SIMBÓLICO

Este tipo de juego nace en la etapa de la Educación Infantil y permite a los niños y niñas convertirse en aquello que desean conocer y explorar, transformarse en el medio que les rodea para comprenderlo y asimilarlo. El juego simbólico en la infancia es tan necesario como saber comunicarse, les nace desde la propia curiosidad de ser otra persona, animal u objeto. Esta necesidad de conocimiento los lleva a imaginar, a interpretar el mundo y cuestionarlo, a establecer roles y en muchos de los casos a romper estereotipos.

Jugar a ser mariposas, a ser maestros y maestras con una pizarra, doctores y montar en clase un hospital, a ser mamás y papás y representar la vida en el hogar, a ser piratas, princesas y dragones, etc. El juego simbólico es el juego en el que el niño y niña puede ser quien quiera ser y trasladarse a un mundo mágico para darle sentido a su identidad y su propio mundo.

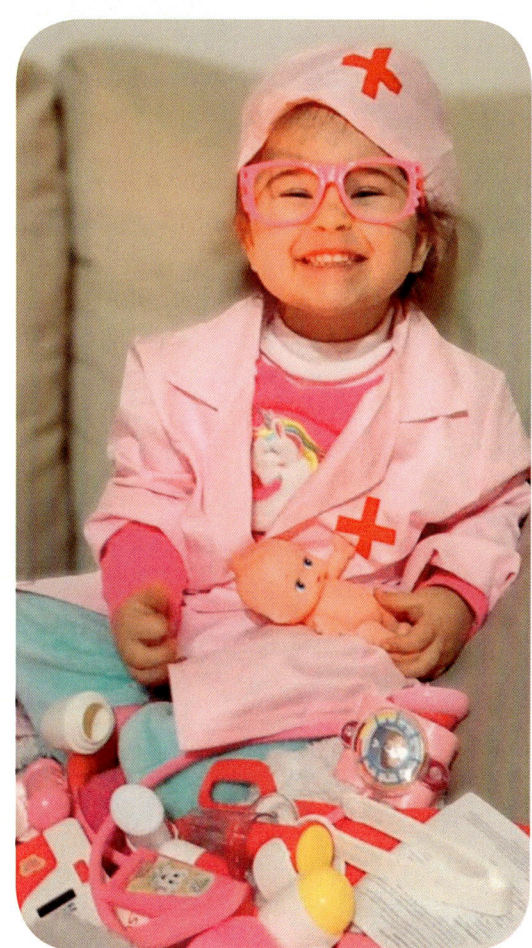

Hablar de exploración y descubrimiento es hablar de infancia. Cuando los niños y niñas juegan mediante la exploración y el descubrimiento, ponen en acción su cuerpo y mente, e investigan su medio a través de su cuerpo y sentidos para realizar unas hipótesis a comprobar y finalmente así extraer sus propias conclusiones. Así pues, el descubrimiento y la exploración son, sin duda alguna, un potencial vehículo para la construcción del pensamiento intuitivo que da lugar al científico.

Ejemplos de juegos de este tipo son jugar en la naturaleza, jugar con el agua, la tierra y la arena, observar insectos con una lupa, realizar un terrario y observar el proceso, cuidar de una planta, realizar un diario de observación en el medio con lo que observamos y escuchamos en nuestro entorno. En definitiva, los juegos de exploración y descubrimiento nos vinculan con nuestra parte natural y curiosa, con nuestro deseo y capacidad de aprender a aprender.

JUEGOS DE CONSTRUCCIÓN

Los juegos de construcción tratan, como su propio nombre indica, de construir. Y en ese construir, los niños y niñas construyen sus alegrías y sus anhelos, su realidad y sus deseos, su vida cotidiana y su fantasía. Tal y como afirmó Piaget (1976) y podemos observar los adultos, los niños y niñas son constructores por naturaleza y construyen sus aprendizajes a partir de los elementos que poseen en su vida cotidiana para tal finalidad.

En los primeros años de vida, los niños y niñas construirán y unirán piezas por el mero hecho de hacerlo, por el disfrute, sin intención de comunicar nada en su creación, pero desarrollando capacidades y habilidades que les serán necesarias para edades posteriores. Estas capacidades y habilidades son: la coordinación óculo-manual, la motricidad fina, la capacidad de organizar y planificar, la memoria visual, el descubrir algu-

nas de las leyes físicas básicas, la creatividad e imaginación, el pensamiento lógico-matemático, la autoestima y autoconcepto, la capacidad de frustración al derrumbarse su construcción, etc. Después, sí crearán construcciones con la intención de expresar o comunicar una historia, un lugar o escenario, etc. El docente y adulto debe seleccionar y elegir todos los elementos que influyen en esa construcción para que el alumnado juegue, se vincule y aprenda.

En esa selección de materiales, deberemos escoger minuciosamente aquellos que sean seguros y que posean características comunes a otros, pero específicos para poder compararlos. Son ejemplos de ellos, de distinta naturaleza y características: los bloques lógicos de madera, las regletas de Cuisenaire, las cortezas de madera natural de distintos tamaños y formas, el arcoíris de Grimm´s, las anillas de madera de colores, etc.

En el caso de la imagen, un alumno de 3 años construyó su propio concepto de casa en uno de los ambientes. Cuando me acerqué a preguntarle qué eran aquellas piezas pequeñas que llamaron mi atención, me dijo muy seguro:

— Seño, ¿es que no las ves? ¡Son escaleras! Así puedes pasar de una planta a otra.

Me imagino que el concepto de casa del resto de sus compañeros y compañeras serían muy distintos en comparación. El niño representó su realidad, siendo consciente del espacio que ocupan esos elementos en la idea y configuración que él tiene de su casa. ¿Cómo la seño no fue capaz de ver las escaleras?

JUEGO DE IMAGINACIÓN, CREATIVIDAD Y FLUIDEZ VERBAL.

Los niños y niñas de estas edades sueñan, crean, despliegan sus ilusiones, imaginan, sienten intensamente, expresan, y verbalizan su mundo. Es por esto que los juegos que promueven la imaginación, la creatividad y la comunicación oral les son tan agradables y divertidos.

Estos juegos y actividades pueden consistir en contar una historia con distintos personajes y escenarios, crear una obra de arte tanto libre como con inspiración de algún artista, crear de forma manual su propio diccionario de emociones, narrar de forma oral historias imaginando la situación al ver distintas imágenes, o crear entre todos un mural con nuestros hobbies y gustos favoritos, entre otros.

Todos ellos poseen algo en común: el sentido que ellos y ellas adquieren de su mundo y el que ellos y ellas pretenden darle. Al imaginar, al crear y expresar, los niños y niñas interpretan su realidad y exploran nuevos mundos de fantasía para construir su propia identidad. El acto de imaginar los lleva a anticipar situaciones, a ofrecer alternativas a situaciones pasadas, a desear cosas futuras, o a hacer realidad aquello que no tiene cabida en su mundo físico. Crear les permite plasmar sus pensamientos en un producto, realizar con elementos y objetos creaciones subjetivas, o convertir un papel blanco en el mejor dibujo del mundo. Jugar a comunicarse de forma oral les permite exteriorizar aquello que les preocupa y expresar emociones. Este tipo de juego les ayuda a conectar con sus necesidades, sus inquietudes y sus deseos.

Es lógico pensar pues, que el juego no sólo es relevante, sino crucial en el desarrollo de los niños y niñas. Esto implica que, desde el ámbito educativo, consideremos el juego como una herramienta de conexión, de vinculación y de aprendizaje, no solo en la etapa de Educación Infantil, sino en todas las etapas educativas. ¿A quién no le gusta aprender jugando? Si jugar implica mirar a los ojos y escuchar al otro, entonces jugar también es conectar.

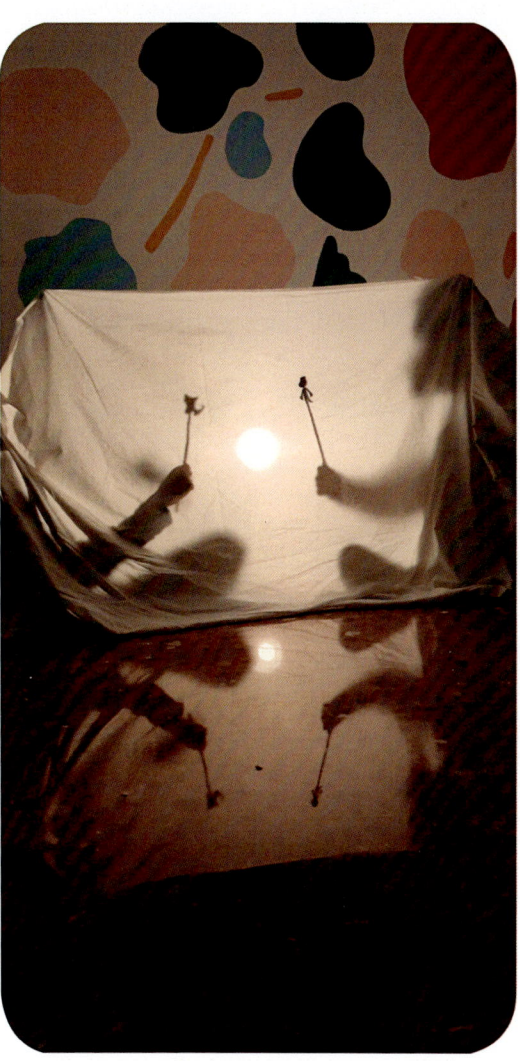

CAPÍTULO 3

LOS HILOS DE LA INFANCIA: ENFOQUES METODOLÓGICOS QUE CONECTAN

> La metodología, al igual que una caja de herramientas, ofrece a los docentes un conjunto de enfoques que nutren el aprendizaje y el desarrollo de la infancia. Repensemos que caja de herramientas utilizamos, por qué y para qué.

Si entendemos la metodología como una pieza del gran puzle de la Educación, seguro sería la pieza que se sitúa por el centro. ¿Por qué? Porque cuando falta esa pieza, cuando se confunde con otras o es difusa, todo lo demás queda sin unir. Su ausencia se traslada a otras piezas y deja de tener sentido. Eso es la metodología, es el cómo enseñamos lo que enseñamos desde un aprendizaje significativo y con sentido.

Y aunque soy partidaria de que no es tanto la metodología elegida sino qué sentido y de qué forma ayuda a crear esa conexión, procedo a recalcar brevemente algunos enfoques metodológicos que ayudan, de buena manera, a conectar los niños y niñas con su aprendizaje, a través de las experiencias que se viven en la escuela.

★ SITUACIONES DE APRENDIZAJE:

Enfoque metodológico que difiere de las Unidades Didácticas por su enfoque globalizador del aprendizaje, donde se trabajan las distintas áreas de desarrollo y el currículo de forma integrada y transversal.

Para comprenderlas en profundidad, os recomiendo el libro de Alberto Padilla (2023): Un viaje lleno de aventuras: situaciones de aprendizaje en Educación Infantil, de esta misma editorial y colección educativa.

Destacar de ellas el gran sentido que ahora le damos los docentes desde la planificación de las actividades y experiencias educativas en el aula para lograr no solo un producto final o resolver un reto, sino el gran valor del proceso hasta conseguirlo. Ese es el verdadero aprendizaje, el proceso desde las vivencias del aula. Esta es la forma en la que conecta esta metodología con la educación globalizada. En este sentido, hemos avanzado en el aprendizaje con significado y en la Educación.

★ APRENDIZAJE SERVICIO:

El Aprendizaje Servicio (ApS) es una propuesta educativa en la que el alumnado y los docentes dan respuesta a una necesidad real y social de su entorno. Significa prestar servicios por el bien común de toda la comunidad y está planteada como filosofía o pedagogía más que como una metodología.

De este punto de vista, el ApS es la conexión entre el aprendizaje y el compromiso social: la forma en la que el alumnado puede transformar su mundo y tomar medidas para ello. Este enfoque, sin duda, dota de sentido el aprendizaje, pues las competencias que se desarrollan en el alumnado, además de ser útiles para la vida, forman parte de la mejora de su entorno. Conectar también significa no solo querer un mundo mejor, sino actuar para mejorarlo.

★ APRENDIZAJE COOPERATIVO Y APRENDIZAJE BASADO EN PROYECTOS (ABP).

Ambos enfoques metodológicos forman parte cada vez más de las propuestas y programaciones de las aulas en todas las etapas educativas, pues ambos favorecen un aprendizaje con sentido, significativo y en construcción con sus iguales. En este apartado, los uno para poder detallaros dos proyectos que llevamos a cabo en clase, que fueron sin duda, proyectos basados en los principios del ABP y desarrollados desde el aprendizaje cooperativo.

EL PERIÓDICO DE BROTES VERDES

Este proyecto nació de la idea de construir, entre todos juntos, un periódico donde analizar noticias de interés para el alumnado y posibles alternativas, soluciones o reflexiones de las mismas.

El proyecto consistió en una serie de fases que permitieron al alumnado, en grupos cooperativos y diferentes roles por grupo, seleccionar y analizar la noticia y su información, así como los datos más representativos. Luego dieron paso a la reflexión grupal de la noticia y pusieron toda su creatividad e ingenio para dar posibles soluciones y alternativas que pudieran responder a las demandas de la noticia original.

En el proceso pudimos ver cómo se ayudaban entre sí, cómo cada uno ocupaba un rol y se encargaba de algo en concreto: las letras, dibujos, la creación de los títulos, etc. Como resultado, creamos un periódico a partir de lo que los niños y niñas habían aprendido, donde plasmaban sus pensamientos y opiniones, reflexiones y análisis. Compartimos el periódico con las familias y todo aquel quisiera verlo, pues, aunque podáis pensar lo contrario, las propuestas y posibles alternativas que en él se destacan son grandes ideas a tener en cuenta. ¡Escuchemos a los niños y niñas; tienen mucho que aportar a la sociedad!

El interés, la búsqueda e investigación, la creatividad y la exploración fueron claves en el proceso. Estoy segura de que recordarán esta experiencia, cada uno y una desde la conexión que establecieron con ese aprendizaje.

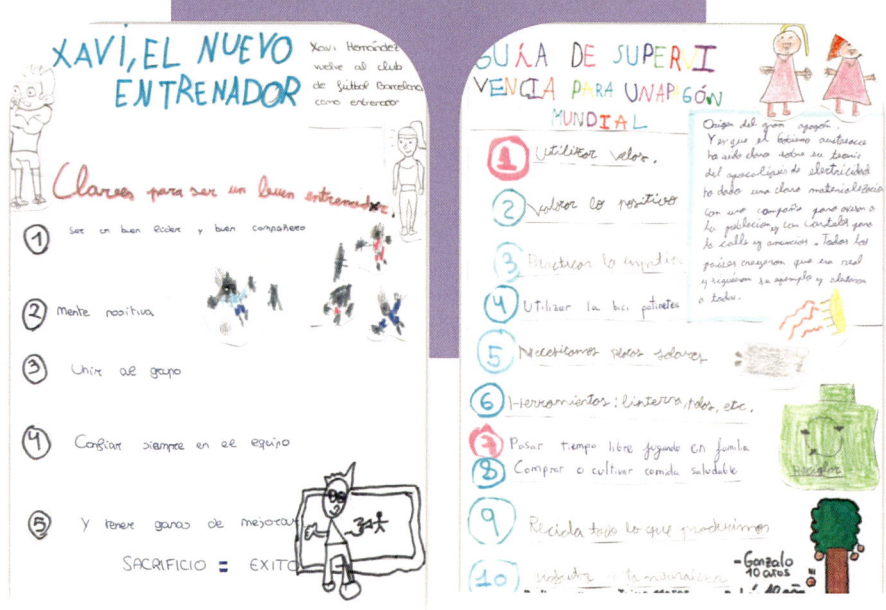

CUIDADO COLEGIO

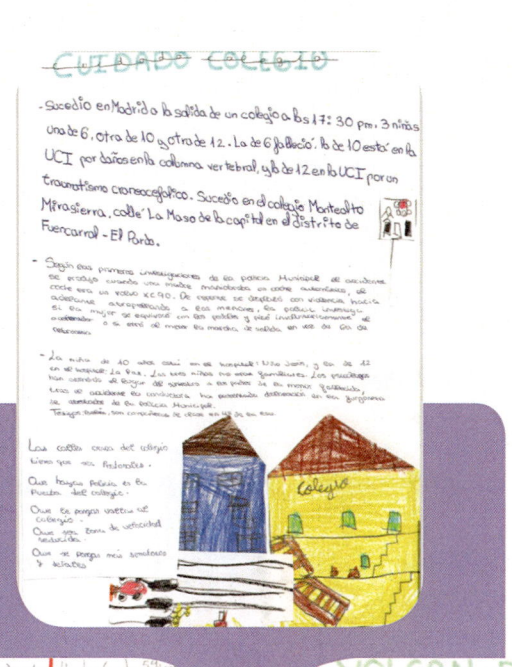

- Sucedió en Madrid a la salida de un colegio a las 17:30 pm. 3 niños una de 6, otra de 10 y otra de 12. La de 6 falleció. La de 10 está en la UCI por daños en la columna vertebral. y la de 12 en la UCI por un traumatismo craneoencefálico. Sucedió en el colegio Montealto Mirasierra, calle La Masa de la capital en el distrito de Fuencarral - El Pardo.

- Según las primeras investigaciones de la policía Municipal el accidente se produjo cuando una mujer atropelló a los niños con el coche era un volvo XC90. De repente se desplazó con violencia hacia adelante atropellando a los menores. la policía investiga si la mujer se esplayó con los pedales y esto involuntariamente a acelerado a la vez al mover los mandos al salido en esa de 6 da de recuerdo.

- La niña de 10 años casó en el hospital Niño Jesús, y la de 12 en el hospital La Paz. Las tres niñas no eran familiares. Los psicólogos han acudido al lugar del suceso a los padres de la menor fallecida. Uno el accidente la conductora ha presentado deformación en tan pequeños se acordaba de la policía Municipal. Tengo toda... con compañera de clase en la de la 10.

Las calles cerca del colegio tienen que ser Peatonales.

Que haya policía en la puerta del colegio.

Que se pongan vallas en el colegio.

Que ya... bien de velocidad reducida.

Que se ponga más semáforos y catastros

...uestió a sus sobrinas durante 8 años

Nuestra Propuesta:

Carnet Mundial de Menores

Carnet mundial de menores Cmm España

Nombre:
Apellidos:
Edad:
Tipo de sangre:
Progenitor y DNI:
Numero de tutor:
Dirección:
País de Origen:
Huella

Verificación

U. hombre de 54 a sus sobrinas menores ... edad durante 6 años ... cumpliendo... Actualmente está arrestado...

EL VOLCAN DE LA PALMA

El volcán de la palma empezó el domingo 10 de septiembre de 2021 un recorrido de más de 6 km hasta el mar extendiese 240 hectareas sobre el.

la lava del volcan de la palma llega al mar atlantico

La calidad del aire es buena en todos los municipios de la Palma. Se han derrumbado 1.200 viviendas.

5.000 personas han sido evacuadas.

Los colegios ya no estan abiertos. La lava arrasó con un colegio.

① Donar juguetes
② Donar dinero
③ Quedarse en casas de acogidas
④ Trasladar clases de colegio a otros recintos o hacerlo online
⑤ ayudas economicas
⑥ ayudas psicologas para todos

TEATRO DE HALLOWEEN: LUCES CÁMARA Y ACCIÓN.

Este proyecto lleno de ilusión demostró que nuestros niños y niñas son grandes artistas que crean y disfrutan de sus obras y creaciones.

Nuestros niños y niñas se convirtieron en guionistas, directores y directoras de producción, y artistas en la creación de distintas historias de Halloween en pequeños grupos cooperativos que luego guionizarían y pasarían a representar. En ellas disfrutaron del proceso creativo, hablaron de monstruos, brujas y zombies, eliminaron estereotipos de brujas malas, pensaron en una moraleja o aprendizaje que mostrar, acabaron con miedos y crearon su propio escenario con recursos y materiales reciclados, sus disfraces y maquillajes.

Con todo en acción, las docentes conseguimos una instalación pública en nuestra localidad para realizar la obra y así mostrar a la comunidad nuestro trabajo previo, no solo aquello que hacemos dentro del aula, sino lo que aprendemos en ella. Recordaré aquella tarde con gran ilusión y nostalgia, pues la acogida fue realmente brutal y las familias estaban muy orgullosas del trabajo bien hecho, pero sobre todo del alumnado tan entregado.

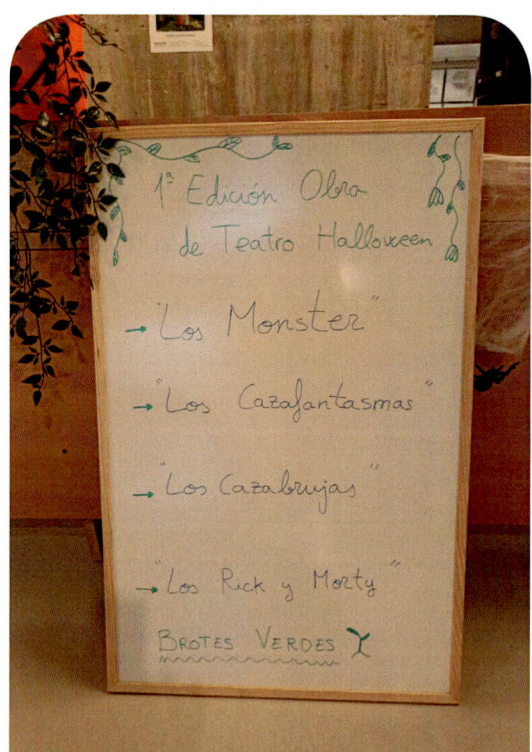

Trabajamos los roles en equipo. Los niños y niñas crearon, inventaron y guionizaron, tomaron decisiones en grupo y respetaron cada opinión, empatizaron con las necesidades y características individuales de cada compañero y compañera, prestaron su ayuda en caso que fuera necesario, memorizaron los diálogos y entonaron según sus personajes. Su actuación emocionó al público y se llevaron en sus mochilas aprendizajes de vida.

APRENDIZAJE BASADO EN EL JUEGO (ABJ)

El ABJ es una metodología en la que a través del juego se pretenden desarrollar aprendizajes y competencias útiles para la vida. Los elementos esenciales que forman parte de esos juegos son las dinámicas, mecánicas e interacciones y los elementos motivacionales.

Este enfoque metodológico combina el disfrute de los juegos de mesa con el aprendizaje, conectando desde el juego como elemento lúdico aprendizajes desde múltiples formas de representación. Los juegos de mesa son un instrumento con un gran potencial educativo que permite la inclusión educativa en el aula, pues son los juegos de mesa los que se adaptan, en su complejidad, a las necesidades que los niños y niñas tienen. Son una gran estrategia para llevar a cabo el Diseño Universal del Aprendizaje (DUA).

La gran variedad de juegos de mesa en cuanto a temáticas, dinámicas y aspectos a trabajar hacen que el listado se haya extendido en estos últimos años a una lista interminable en el que cada mes se suman otros tantos. Lo importante de esta metodología es su poderosa versatilidad y su capacidad de combinarse con otros enfoques.

El ABJ conecta con la parte lúdica de nuestros niños y niñas, haciendo más interesante y motivador el aprendizaje. De esta forma, los juegos de mesa, de cartas, tableros, dados y timbres favorecen sin duda un aprendizaje significativo y lúdico. Las mecánicas y dinámicas de esta metodología nos ayudan a los docentes a crear recursos y materiales aprovechando sus múltiples beneficios. Por ello, más adelante encontrarás recursos y materiales educativos creados por mí, con los beneficios que el juego reglado nos proporciona en el ámbito educativo.

PEDAGOGÍA VERDE

Un enfoque metodológico que conecta el alumnado con su medio natural, generando en ellos lo que se conoce como biofilia, un reencuentro entre la infancia y la naturaleza como parte del proceso de desarrollo y aprendizaje en la infancia. Este tipo de pedagogía señala que el alumnado es una semilla que contiene todos los elementos para poder desarrollarse, siendo el profesorado y el adulto un guía que observa y ayuda a ese crecimiento personal (Freire, 2011). El papel del docente es preferentemente de acompañador y facilitador de co-aprendizaje, favoreciendo la concienciación de que la naturaleza es nuestro entorno de vida y como tal, forma parte de nuestro desarrollo.

OTRAS ESTRATEGIAS

Existen otras estrategias didácticas que se llevan a cabo en las aulas que conecta el alumnado con el juego libre, el trabajo autónomo, el juego simbólico y que permite la exploración, la interacción, la investigación y el descubrimiento. Estas son: los rincones, ambientes, talleres, estaciones de aprendizaje y provocaciones (para la etapa de 0-3 años).

Todas estas metodologías solo adquieren un sentido y vinculación con el aprendizaje y el alumnado si entendemos de base lo que significa mirar y atender las necesidades de nuestros niños y niñas, conocer sus potencialidades e impulsarlos y actuar a favor de la cultura de la infancia. Para ello, la formación constante y permanente del profesorado ayudará a tal finalidad, así como la organización y selección de las dinámicas, actividades, juegos, recursos y materiales que formarán parte de las experiencias y vida en el aula.

CAPÍTULO 4

"HILVANANDO CORAZONES": DINÁMICAS, ACTIVIDADES, RECURSOS Y JUEGOS PARA CONECTAR

> Lo que diferencia el resultado de una actividad, juego o recurso educativo es contemplar qué finalidad, sentido y conexión se establece con la infancia.

En este capítulo te propongo una serie de recursos, materiales, juegos y dinámicas en las que el alumnado conecta y se vincula al aprendizaje, de manera que adquiere sentido educativo todo aquello que los niños y niñas realizan tanto en la escuela como en casa. ¿Estás preparado o preparada para ponerlos en práctica? Toma nota.

4.1. DINÁMICAS Y ACTIVIDADES

COMENZAMOS CON EL SALUDO

El saludo, cuando implica diversión, atención y afecto, a los niños y niñas les encanta. Es reforzar ese vínculo que os une. El saludo puede ser desde preguntas sobre su bienestar: "¿Qué tal ha ido el fin de semana?, ¿cómo te encuentras hoy?, ¿todo bien?" También existen los saludos dinámicos donde muchos docentes ofrecen distintos tipos de saludos (choque de palmas, un abrazo, un paso de baile, un salto, o algo en sí que haga único ese momento). Entrar al aula realizando este sencillo gesto conecta con el momento presente, con un momento de atención individual en el que se intercambian miradas, se libera estrés y tensiones, y se generan químicos que benefician en el estado de bienestar. Por tanto, el saludo es la primera oportunidad de conectar con nuestros niños y niñas, facilitando su entrada a su segunda casa: la escuela.

ASAMBLEAS EN CÍRCULO

La asamblea es momento y lugar, tiempo y espacio para la vida en el aula. Es tiempo de hablar, debatir y dialogar, de expresar y empatizar, de emocionarnos con cuentos, de observar el tiempo atmosférico y revisar quién está hoy en la escuela. Es lugar confiado, lugar tranquilizador, lugar de escuchar y cantar canciones, lugar de conexión. Por eso, la asamblea ayuda a lograr ese vínculo afectivo porque cada niño y niña tiene algo que decir, algo que escuchar y algo que aprender. ¿Y qué mejor manera que hacerlo juntos formando un círculo (unidos invisiblemente por un hilo, conectados de alguna manera) donde poner en el centro nuestros sueños, temores, talentos, anhelos, rabietas, y conflictos?

Las asambleas, ligadas a la etapa infantil, son parte de la convivencia, vital en cada etapa educativa, ya que son en ellas donde el alumnado puede verse reflejado en las situaciones que conversamos, comprender y reflexionar sobre su realidad y compartirla con otros. Así pues, me pregunto constantemente el sentido que le otorgamos a la asamblea: ¿Hay sitio en la escuela para las asambleas? ¿De qué forma las llevamos a cabo? ¿Qué temas se tratan? ¿El alumnado tiene voz y voto en las mismas? ¿Qué finalidad educativa destacarías en ellas? Empecemos por estas preguntas.

OBJETOS TRANSICIONALES

Definidos como objetos dotados de apego que acompañan a nuestros niños y niñas. En la etapa de Educación Infantil y Primaria, vemos que los niños y niñas a veces, traen de casa un objeto de pequeño tamaño que le da seguridad y confianza, apego y conexión con su hogar. Algunos de ellos pueden ser: un juguete, un muñeco, un regalo, una mantita, un dibujo, etc. Cuando entran al aula, aún existen docentes que sin "agacharse" y mirar al alumnado, le da la orden de guardarlo en su mochila. A veces, sin comprensión, sin escucha, sin atención a lo que el niño o niña nos quiere transmitir.

Sin embargo, el objeto transicional que utiliza nos da una información importantísima: en ocasiones trata de sus gustos y hobbies, en otras de carencias afectivas, necesidad de contacto, en otras de su juguete favorito, u objeto novedoso o de gran interés. Este objeto, puede servirnos de anclaje para lograr llegar a nuestros niños y niñas y conectarlos con su aprendizaje. ¿Cómo? Desde la comprensión de que ese objeto significa mucho para él o ella, y por ello, merece su respeto y rol en su desarrollo. En concreto, os quiero contar una anécdota con uno de estos objetos:

"EL ALUMNO 1". llega a clase con un león. En cuanto entra, el saludo parece pasar a un segundo plano y comenta:

–Seño, mira mi león. Se llama Scar.

+Anda, como el de la película del Rey León.

–Sí, pero este es bueno.

La conversación queda aquí. El alumno se sienta, cuelga su mochila y en este caso, repasa como cada día su agenda visual. Este alumno con necesidades específicas de apoyo educativo posee, al margen de otras necesidades, una dificultad en cuanto al dibujo se refiere. Se frustra cuando tiene que dibujarse y cuando lo hace, parece ser un momento desagradable para él. Sus aleteos de manos, sus "no puedo, no puedo", "ayúdame Seño", me hacen saber que debemos trabajar el dibujo y su propia imagen. En este momento, mi cabeza hace "clic" y me acuerdo de Scar, su león, que permanece inmóvil a su lado. Le pregunto si le gustaría dibujar a Scar para llevárselo consigo siempre. Mi pregunta, que va acompañada de una sonrisa y mi máxima ilusión puesta en mi rostro, hace que su respuesta pasara del no al sí, en un segundo.

Con el dibujo de Scar, me doy cuenta que es capaz de identificar perfectamente las partes de un animal y que su sensación al dibujarlo es de calma y bienestar. Cuando acaba el dibujo, le felicito por su trabajo y esfuerzo y le sugiero dibujarse a sí mismo, como hemos dibujado a Scar. En este momento, su perspectiva de esa situación desagradable, que antes le ocasionaba el dibujo, cambia, y le parece bien dibujarse

al lado de su queridísimo león. Cuando realiza el dibujo observo que, aunque este sea aún bastante sencillo y primario, diferencia cada uno de los elementos de su cuerpo y dibuja una sonrisa muy grande en su cara.

+Madre mía, ¡Qué bien te has dibujado! Qué sonrisa tan bonita. ¿Estás contento?

−Estoy contento. Estoy sonriendo porque estoy jugando con el león."

Y así, trabajamos el autorretrato de manera significativa. Así empezamos a dibujar a su mamá, a la seño Sandra y a él, juntos. Pero lo que nunca olvidaré, es como un simple león de juguete cambió, desde el propio vínculo entre ambos, la perspectiva y transformó una situación desagradable en otra totalmente agradable. ¿Qué diría Scar de esta situación?

En otras ocasiones, el objeto transicional significa un vínculo afectivo con su familia, y por ello, debe ser entendido como parte de su propio proceso. Estoy segura de que en el momento en que estén preparados para colocarlos en sus mochilas sin necesidad de una orden, lo harán, porque se sienten seguros, tranquilos y vinculados con las personas que formamos parte de su entorno. Hasta ese entonces, debemos potenciar ese valor que poseen estos objetos transicionales en las múltiples situaciones del día a día con los niños y niñas, como por ejemplo desde su entrada a la escuela en el periodo de adaptación, hasta situaciones más concretas como cambios en su contexto, muerte de un familiar o mascota, la llegada al mundo de un hermano o hermana, etc.

UTILIZA EL HUMOR Y LA ILUSIÓN

Si algo vengo observando estos años, es que cada niño y niña conecta de una forma distinta tanto con sus profesores como con sus iguales y su propio aprendizaje. Hay niños y niñas que lo hacen a través del afecto y cariño, y otros con el sentido del humor y la risa. En este momento, os podría relatar detalladamente como lo hace cada uno de mis alumnos y alumnas, pero entonces este libro se convertiría en el libro interminable.

Cuando mi alumno J. me cuenta un chiste o R. me dice algo para llamar mi atención, o I. me hace cosquillas o intenta gastarme una broma cogiendo la plastilina cuando no toca, en esos momentos pienso que estamos conectados, que hemos superado la barrera de la inseguridad, que confían en mí y, que son estos momentos los que también nos sacan una carcajada.

La infancia está plagada de momentos de risa e ilusión. Es por eso que me apasiona esta profesión. El bienestar de mis niños y niñas y su felicidad van por encima de todo porque eso favorece su desarrollo, evolución y aprendizaje. Los niños y niñas no solo deben querer entrar a la escuela, sino tampoco querer irse de ella pues la sienten como parte de su vida.

Y en esa ardua tarea entra en acción la ilusión. En el primer capítulo os hablaba de la ilusión como elemento indispensable para generar vínculos afectivos de calidad y sentido para el aprendizaje. Como adultos, trabajar con ilusión es tener presente a nuestro niño y niña interior. Significa vivir con la infancia el momento presente, estrujando cada experiencia y situación. Significa vivir feliz con nuestros niños y niñas y los pequeños detalles del día a día. La ilusión, como impulso educativo, hace que los docentes programen y planifiquen sus

situaciones de aprendizaje desde la mirada de la infancia, desde el corazón. En los niños y niñas, un aula que desborda ilusión, es un aula viva en la que los niños y niñas aprenden felices, en calma y bienestar.

Cuando enseñas desde la ilusión, el aprendizaje adquiere sentido porque conecta con tu construcción como docente, con tu niño o niña interior, con tu curiosidad y deseo de investigar y aprender. Ilusionar la infancia no tiene sentido sin ilusionar la docencia, porque la infancia en sí misma es ilusión. Aprovechemos este elemento para hacer el aprendizaje más atractivo, más lúdico, y más vinculado al mundo real. ¿Aprender por competencias útiles para la vida? Aprendamos desde la ilusión.

CELEBRA SUS CUMPLEAÑOS CON PEQUEÑOS DETALLES

No hay nada más emocionante para nuestros niños y niñas que su cumpleaños, pues sueñan y desean que llegue ese día con bastante antelación. Cuando estamos vinculados, los días que son importantes para uno, lo son para todos y lo celebramos de alguna manera. En clase, además de cantar cumpleaños feliz, podemos realizar actividades que impliquen a los compañeros y compañeras, desde el detalle de escribir una nota con algo positivo, jugar al juego favorito del cumpleañero o cumpleañera, hacerle sentir especial en su día, etc.:

Nos escuchamos, apoyamos y ayudamos

BUZóN CONSULTORIO

Descripción

En esta actividad necesitaremos una caja de zapatos o recipiente que previamente el alumnado habrá decorado a su gusto. En ella, los niños y niñas depositarán notas en las que pueden expresar a través de dibujos o frases alguna situación o conflicto que quieran resolver, pudiendo pedir ayuda cuando les sea necesario.

Objetivo/finalidad:

Proporcionar apoyo y soluciones alternativas a los problemas y situaciones expuestas en el buzón de forma conjunta con todos sus compañeros/as.

¿Conecta con?

Sus valores y emociones y la de los demás. Repensarlos y reflexionarlos.

¿Qué trabajamos?

◇ Conflictos emocionales

◇ La empatía

◇ La ayuda y el apoyo emocional

◇ Resolución pacífica de conflictos

◇ Prevención del acoso escolar (bullying)

◇ Inteligencia emocional

◇ Puntos de vista de una situación

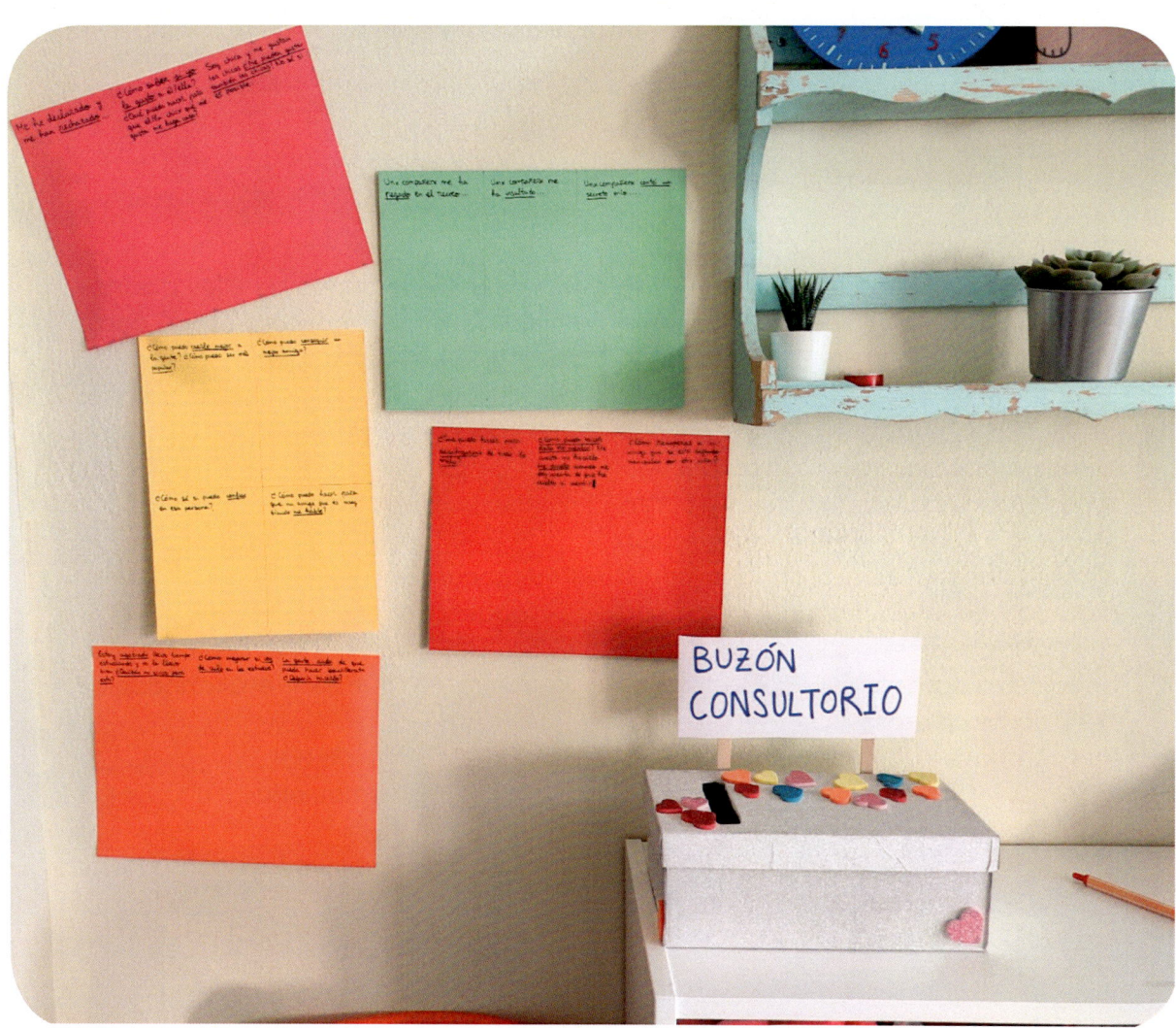

LO MÁS MARAVILLOSO DEL MUNDO

Descripción

En esta actividad necesitaremos una caja que podamos reutilizar y dentro añadiremos un espejo. Por fuera de la caja añadiremos el título y contaremos a los niños y niñas que dentro contiene lo más maravilloso del mundo, despertando todo tipo de emociones en cuanto abran la caja y descubran que son ellos mismos. Es una gran idea como actividad de inicio motivadora de una situación de aprendizaje en la que se trabaje la autoestima. Luego podríamos decir cosas bonitas y positivas de nuestros compañeros y compañeras.

Objetivo/finalidad:

Favorecer el autoconcepto, la autoestima y la autoimagen.

¿Conecta con?

La imagen que tienen de ellos mismos. Favorece la conexión entre "yo" como ser individual y mis iguales dentro del grupo. Todos somos iguales de valiosos y maravillosos en el mundo.

¿Qué trabajamos?

◇ Autoconcepto, autoestima, autoimagen

◇ Valoración que tiene el alumnado de sí mismo

◇ Inteligencia emocional

◇ Validación y relevancia como parte del grupo

Si pudieras pedir un deseo... ¿cuál sería?

EL TARRO DE LOS DESEOS

Descripción

En esta actividad necesitaremos un tarro, que puede ser reciclado. Lo decoraremos y en él, el alumnado podrá colocar notas con dibujos o frases de sus deseos propios. Luego, en asamblea cada semana, podríamos hablar de esos deseos (si son posibles hacerlos realidad y cómo podríamos hacerlo).

Objetivo/finalidad:

Poner en debate nuestros deseos y comprender cómo estos son distintos para cada persona y contexto.

¿Conecta con?

Los deseos que poseen como personas individuales y como parte del mundo. Permite conectar y soñar con hacer el mundo un poquito mejor desde sus posibilidades.

¿Qué trabajamos?

◇ Mis necesidades, deseos, aspiraciones y las de los demás

◇ Mis deseos versus los deseos como parte de un grupo

◇ Valores sociales

◇ La empatía

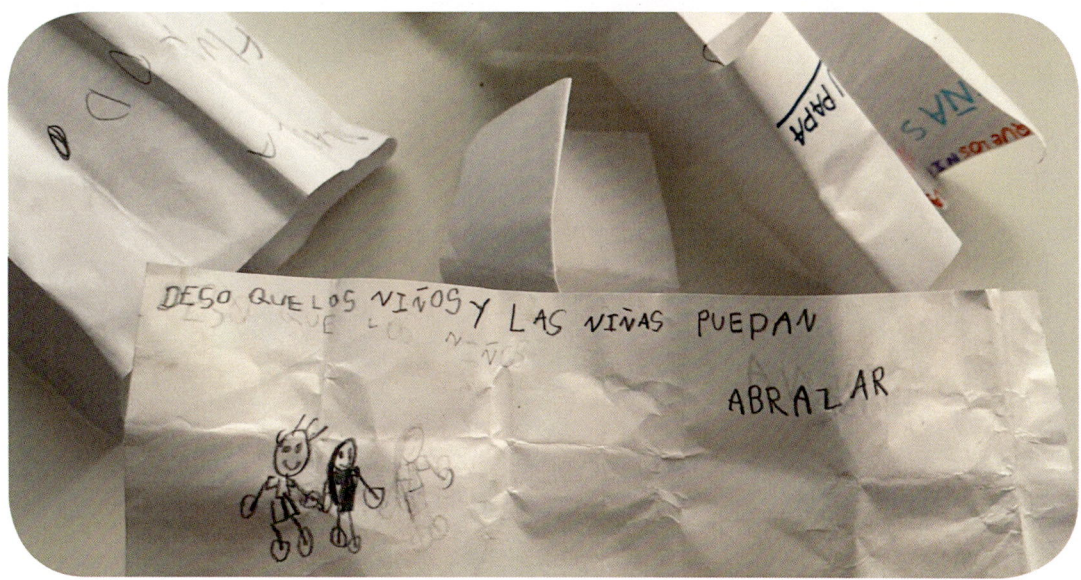

¿QUIÉN SOY YO?
¿CÓMO VEO EL MUNDO?

Descripción

El arte nos permite expresarnos y en esta actividad libre, el alumnado puede expresar bien cómo se ven a ellos mismos, quiénes son y cómo ellos ven e interpretan el mundo. Se les facilitará todos los materiales que necesiten, dejando total libertad de expresión en sus creaciones.

Objetivo/finalidad:

Realizar obras de arte en las que el alumnado se expresa con libertad dando respuesta a una pregunta.

¿Conecta con?

Sus pensamientos e interpretación de su realidad, su visión de mundo y de ellos mismos en él. Conecta con nuestra parte social.

¿Qué trabajamos?

◇ Autoimagen

◇ Imagen del mundo e interpretación del mismo.

◇ Situaciones que afectan a su mundo y en concreto, a ellos y ellas.

◇ Elementos del mundo que les genera bienestar.

◇ Sensaciones y percepciones a través del dibujo.

◇ El arte como fuente de expresión y comunicación de pensamientos, ideas y sentimientos.

CREAMOS NUESTRO HERBARIO

Descripción

Cada alumno y alumna traerá una semilla (lentejas, garbanzos, habas, limón, manzana, tomate, etc.), a elegir. Entre todos, en una huevera de gran tamaño (podemos reciclar el cartón de 24 huevos), colocaremos las semillas y realizaremos los pasos correspondientes para proceder a plantarlas. Anteriormente, veremos esos pasos y lo que necesitamos (tierra, agua y situar el herbario en un lugar con luz). Iremos observando cada día el estado de las semillas, su crecimiento, sus necesidades y atenderemos a su cuidado.

Objetivo/finalidad:

Conocer el proceso de crecimiento de las plantas y favorecer el ambiente idóneo para su desarrollo.

¿Conecta con?

Conecta con la Naturaleza y la importancia de su cuidado para su desarrollo.

¿Qué trabajamos?

◇ Importancia del cuidado de las plantas y como símil, el nuestro propio.

◇ Proceso de crecimiento de las semillas hasta llegar a ser una planta.

◇ Observar los cambios en un tiempo determinado. Nada es constante.

◇ Pensamiento intuitivo y científico (hipótesis de lo que ocurrirá, comprobaciones y conclusiones).

◇ El arte como fuente de expresión y comunicación de pensamientos, ideas y sentimientos.

CUENTACUENTOS

La hora de contar un cuento en la infancia es un momento mágico. Los niños y niñas en un lugar cómodo y en círculo, abren sus orejas, esperando traspasar la barrera de la realidad a la fantasía. El cuento es un instrumento maravilloso para el aprendizaje y, concretamente, la educación en valores.

Por ello, el momento de contar el cuento debe ser especial porque debe conectar con esa semilla que va formándose que es la educación en valores de forma transversal. El cuento es capaz de abarcar desde emociones, valores sociales, situaciones dolorosas como pueden ser la muerte, la separación de unos progenitores, o el cáncer, hasta la diversidad familiar, la multiculturalidad, la igualdad entre hombres y mujeres, la sostenibilidad, la alimentación y hábitos de vida saludable, entre otras temáticas múltiples. Es un instrumento de conexión como parte de una sociedad en la que, en un futuro, se convertirán en participantes activos en ella.

El adulto que cuenta el cuento debe hacerlo con entusiasmo, poniendo el énfasis donde se requiere, ajustando el tono a la historia, expresando y teatralizando las emociones pertinentes. Esto mejora la atención y comprensión del alumnado en el momento de escuchar el cuento y observar sus imágenes para luego dar paso a la reflexión.

En las actividades que podemos llevar a cabo a posteriori del cuento, podemos destacar la dramatización de la historia, imaginar posibles finales alternativos, dibujar sus personajes, expresar aquello que más les ha gustado de la historia, reflexionar acerca de lo que transmite el cuento y expresar su opinión de forma estructurada, realizar en pequeños grupos historias como segunda parte del cuento, realizar otro cuento en el que cada niño y niña dice una frase y la sigue su compañero o compañera de al lado, hacer intercambios de cuentos entre las familias o clases, etc.

Además, el cuentacuentos es una actividad fantástica para abrir las puertas del aula y que vengan familiares como padres, madres, o abuelos a contarnos cuentos. Podemos realizar cuentacuentos con distintas clases del ciclo y etapa educativa.

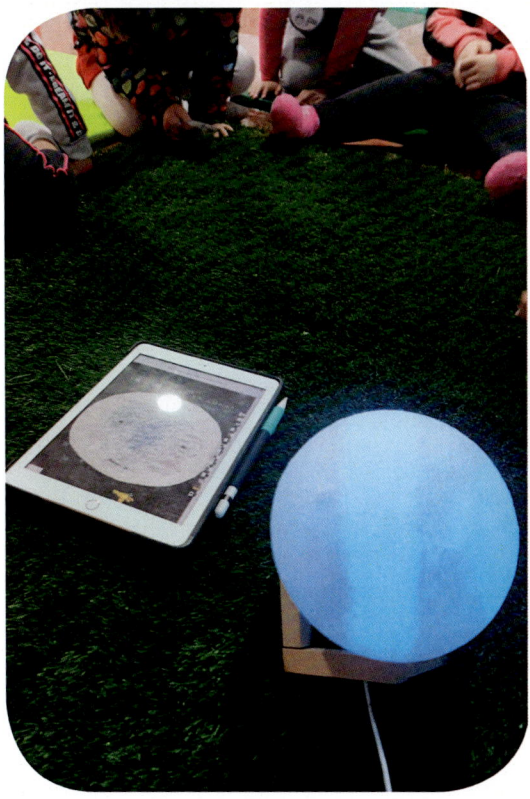

PLASTILINA

Trabajar la plastilina como objeto manipulativo y de experiencia sensorial que puede darle sentido a un concepto abstracto es, sin duda, una de mis mejores opciones. La plastilina es un recurso buenísimo para la motricidad fina y si, además, le sumamos su potencial como material multiuso, podemos obtener distintas formas de ponerlo en práctica para el aprendizaje.

La plastilina ayuda al cerebro a darle forma (nunca mejor dicho) a conceptos abstractos que vamos interiorizando. Un ejemplo de ello es la grafía, con la que estamos acostumbrados a que se realice con papel y lápiz. La plastilina puede ser otra forma de aprender las letras de forma tangible, con la posibilidad de rectificar, viendo el proceso como una construcción de aciertos, errores y modificaciones.

En edades más avanzadas, la plastilina puede ayudarles a interpretar conceptos matemáticos, como representa una de las imágenes, en los que el alumnado organiza y estructura la información para procesarla y memorizarla de una forma más práctica y visualmente más atractiva, incluida la parte lúdica de generar con plastilina cada figura geométrica a trabajar.

En resumen, todas estas actividades y dinámicas demandan generar en ellos la motivación suficiente que conecta con el aprendizaje y el desarrollo, entendiendo que el alumnado no es solo un cerebro que aprende y memoriza, sino que es como una persona, un integrante que cambia y modifica su entorno con la construcción de sus pensamientos, ideas, aprendizajes y experiencias.

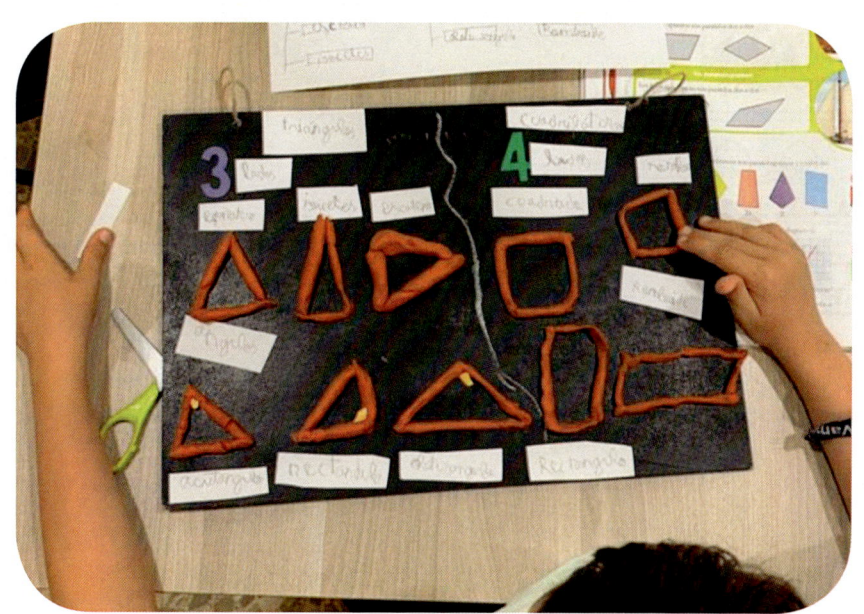

93

4.2. RECURSOS, MATERIALES EDUCATIVOS Y JUEGOS

En este subapartado pretendo hacerte un regalo. Quiero que tengas material educativo de calidad suficiente para que tu alumnado conecte con sus iguales, con su entorno de aprendizaje y con los docentes. Y en casa, para que tu hijo o hija pueda tener recursos educativos basados en el juego para desarrollar todo su potencial desde la finalidad educativa que cada uno posee. Aprender jugando no solo es posible, sino necesario.

Ya conoces, por capítulos anteriores, que no es tan importante la inmensa cantidad de recursos educativos que encontramos por internet sino qué finalidad educativa poseen y qué les ayuda a conectar, es decir, qué materiales son adecuados para que promuevan su propio aprendizaje. Tengo la solución, estas propuestas te ayudarán con ello.

RECUERDAS

OBJETIVOS	EDAD	CÓDIGO QR

Funciones ejecutivas:

◇ Control inhibitorio

◇ Atención

◇ Memoria: corto y largo plazo

◇ Velocidad de procesamiento

+4-99 años

SENTIDO EDUCATIVO: ¿con qué conecta?

Este juego de cartas es un excelente recurso para desarrollar las funciones ejecutivas y vincularnos con los elementos que vemos en nuestro alrededor como parte de nuestro entorno. Podemos crear nuestras propias cartas y que cada niño y niña pueda compartir con los demás un objeto preciado, un lugar favorito, su mascota, etc., algo que conecta con cada uno y una de ellos y ellas.

HÁBITAT

OBJETIVOS	EDAD	CÓDIGO QR
Fomentaremos la atención, vocabulario, clasificación, memoria a corto plazo, así como la rapidez cognitiva.	+6 años	

SENTIDO EDUCATIVO: ¿con qué conecta?

La temática de los animales es una temática estrella muy potente para nuestro alumnado. Les encanta, porque son animales que pueden ver y porque cada especie tiene unas características comunes y específicas. El juego en el que incluye una temática concreta conecta con los intereses individuales de cada niño y niña, por lo que lo hace muy motivador. ¡Tengamos en cuenta y aprovechemos sus intereses para la vinculación de los aprendizajes!

HÁBITAT

@cosquilleando.la.docencia

El hábitat es el entorno o tipo de lugar donde vive un ser vivo. ¿Sabrías colocar cada animal en su hábitat? En este juego de 45 cartas descubrirás animales increíbles y el lugar donde habitan.

+6 años
1-4 jugadores
10 min

Fomentaremos la atención, vocabulario, clasificación, memoria a corto plazo, así como la rapidez cognitiva.

CONTENIDO

45 cartas de animales

3 cartas hábitats: aéreo-terrestre, terrestre y acuático para cada jugador

Carta de puntuación

Instrucciones de juego

- Un jugador: Clasificación de animales en sus hábitats.
- Hasta 4 jugadores: se reparten las 3 cartas de hábitats, una carta de puntuación, un avatar y 10 cartas de animales del mazo a cada jugador. El objetivo del juego consiste en llevar cada animal al lugar que habita. Al finalizar los jugadores, cada animal correcto en su hábitat ganará un punto (el avatar irá recorriendo de un número a otro por la carta de puntuación). Se realizarán 3 rondas, ganará el juego aquel jugador que haya obtenido mayor puntuación.

@cosquilleando.la.docencia

LEÓN	AVESTRUZ	RATÓN	CAMALEÓN	LOBO
león	avestruz	ratón	camaleón	lobo
CABALLO	ÑANDÚ	ARDILLA	CERDO	GORILA
caballo	ñandú	ardilla	cerdo	gorila

AIRE

AGUA

TIERRA

HÁBITAT DINOSAURIOS

OBJETIVOS	EDAD	CÓDIGO QR
Fomentaremos la atención, vocabulario, clasificación, memoria a corto plazo, así como la rapidez cognitiva, así como la evolución y extinción de especies.	+6 años	

SENTIDO EDUCATIVO: ¿con qué conecta?

En concreto, este juego educativo está pensado para conectar con la curiosidad e investigación nata en los niños y niñas. Descubrir el mundo de los dinosaurios es interesante para ellos y ellas puesto que son especies extinguidas con una historia que contar. Esto hace motivador y un aprendizaje verdaderamente significativo, pues desean comprobar si las hipótesis que ellos y ellas poseen de los dinosaurios y cómo se extinguieron, son realmente ciertas o no. Este juego de cartas les ayudará a conectar con la historia de estos dinosaurios clasificándolos según sus características individuales.

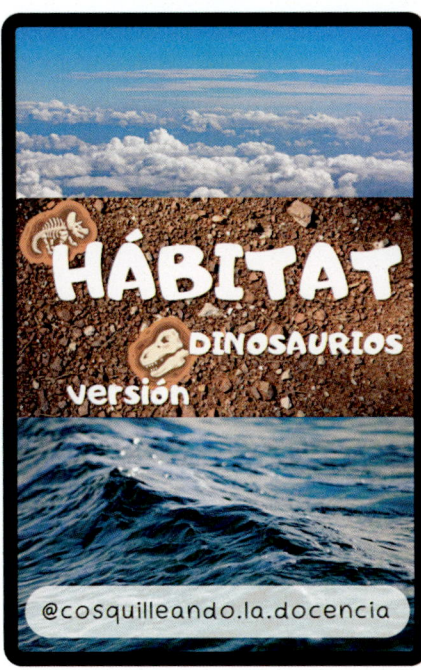

HÁBITAT

DINOSAURIOS
versión

@cosquilleando.la.docencia

El hábitat es el entorno o tipo de lugar donde vive un ser vivo. ¿Sabrías colocar un DINOSAURIO en su hábitat? En este juego de 45 cartas descubrirás a dinosaurios increíbles y el lugar donde habitaban.

+6 años

1-4 jugadores

10 min

Fomentaremos la atención, vocabulario, clasificación, memoria a corto plazo, así como la rapidez cognitiva.

CONTENIDO

30 cartas de Dinosaurios

Carta de puntuación

3 cartas hábitats: aéreo-terrestre, terrestre y acuático para cada jugador

Instrucciones de juego

- Un jugador: Clasificación de dinosaurios en sus hábitats.

- hasta 4 jugadores: se reparten las 3 cartas de hábitats y una carta de puntuación a cada jugador y 10 cartas de dinosaurios del mazo a cada uno. El objetivo del juego consiste en llevar cada dinosaurio al lugar que habitaba. Al finalizar los jugadores, cada dinosaurio correcto en su hábitat ganará un punto(el avatar irá recorriendo de un número a otro por la carta de puntuación). Se realizarán 3 rondas, ganará el juego aquel jugador que haya obtenido mayor puntuación.

@cosquilleando.la.docencia

ARCHAEOPTERYX	PTERANODON	QUETZALCOATLUS	RHAMPHORHYNCHUS	DIMORPHODON

Archaeopteryx	Pteranodon	Quetzalcoatlus	Rhamphorhynchus	Dimorphodon

MICRORAPTOR	PTERODAUSTRO	TROPEOGNATHUS	LUDODACTYLUS	NYCTOSAURUS

microraptor	pterodaustro	Tropeognathus	Ludodactylus	nyctosaurus

DADOS CUENTA-HISTORIAS

OBJETIVOS	EDAD	CÓDIGO QR
Promover la imaginación, creatividad y fluidez verbal.	+3 años	

SENTIDO EDUCATIVO: ¿con qué conecta?

Estos sencillos dados cuenta-historias son un recurso maravilloso para poner en práctica su capacidad creativa e imaginación, donde toda historia podrá ser contada con elementos reales y fantásticos. Un juego libre que estimula la comunicación y conecta con lo que cada niño y niña desea expresar y contar. Ofrece múltiples opciones de juego y cada vez que jueguen es una nueva oportunidad de crear, por lo que lo hace diferente.

DESAFÍOS LINGÜÍSTICOS

OBJETIVOS	EDAD	CÓDIGO QR
Favorecer la competencia lingüística	+3-12 años	

SENTIDO EDUCATIVO: ¿con qué conecta?

Los retos son una gran fuente de activación en los niños y niñas, ya que son para ellos y ellas un misterio que resolver. Aprovechando este elemento motivador, se les plantea a modo de retos lingüísticos, dar solución al mismo tiempo que repasan conceptos propios del lenguaje y su desarrollo. Este recurso a modo de juego conecta con el aprendizaje y desarrollo del lenguaje de forma lúdica. Además, estos retos se pueden modificar en su correspondiente plantilla lo que lo hace más divertido, puesto que podrían ser los alumnos y alumnas los que proporcionen distintos retos lingüísticos a otros compañeros y compañeras.

DESAFÍOS MATEMÁTICOS

OBJETIVOS	EDAD	CÓDIGO QR
Promover la competencia matemática y la resolución efectiva de problemas.	+3-99 años	

SENTIDO EDUCATIVO: ¿con qué conecta?

Como en el juego anterior, los retos favorecerán la atención y el interés por la resolución de los mismos, incluyendo opciones de cálculo matemático, resolución de problemas y conceptos propios de cada una de las etapas educativas. Además, permite la personalización de estas cartas, adaptándose al contexto y necesidades de cada grupo-clase y niños y niñas. ¿Quién dijo que las matemáticas son aburridas? Este juego conecta un aprendizaje que, en primer lugar, pueda ser abstracto como son los números, con uno más manipulativo y lúdico.

PREGUNTARIO

OBJETIVOS	EDAD	CÓDIGO QR

◇ Razonamiento lógico en las respuestas

◇ Inteligencia intrapersonal: vamos a conocer sus intereses y contexto.

◇ Trabajar la educación emocional.

+4 años

SENTIDO EDUCATIVO: ¿con qué conecta?

Este juego creado con la colaboración de la maestra Laura (en redes sociales conocida por @curioseTEA), es, sin duda, uno de mis favoritos, conecta con lo que cada niño y niña piensa, siente e interpreta de su mundo. Conecta con lo que cada niño y niña es, con sus intereses y características individuales. Es un juego abierto, libre, que favorece la comunicación oral y el propio autoconcepto. Es una buena herramienta para conocernos y conocer a los demás.

ESPETOS DE SARDINAS

OBJETIVOS	EDAD	CÓDIGO QR
◇ Competencia matemática ◇ Cultura Andaluza	+3años	

SENTIDO EDUCATIVO: ¿con qué conecta?

Las sardinas son un tipo de peces característicos de una zona determinada de Andalucía. Conocerlas forma parte de nuestra identidad cultural, por lo que generar recursos como estos, donde previamente conocemos a estos peces (tanto su especie, quiénes y cómo se pescan, dónde se encuentran, recetas para cocinarlos, otras características de esa ciudad, etc) nos ayuda a trabajar otros elementos como son los números: su cuantía y grafía. Este tipo de juego ayuda a conectar con nuestro entorno cultural más inmediato que forma parte de nuestra identidad. Estoy segura de que cualquier malagueño y malagueña desearía jugar a montar sus propios espetos de sardinas, así como cualquier otro niño y niña de distinto origen, conocer otros aspectos culturales diferentes a los suyos. En este sentido, todo el mundo aprende.

COSQUICOLORES

OBJETIVOS	EDAD	CÓDIGO QR
◇ Conocer e identificar los colores y sus asociaciones. ◇ Jugar a distintos juegos de reglas populares. ◇ Promover el razonamiento lógico-matemático y competencia matemática.	+4-5 años	

SENTIDO EDUCATIVO: ¿con qué conecta?

Los colores se trabajan desde la etapa de educación infantil, en las primeras edades. Por lo que, nos ayuda a conceptos más amplios en los que se trabaja la lógico-matemática. Además, los juegos reglados como: el 3 en rayas, sudokus con colores, suma 6 o suma 10 y seriaciones, nos ayudan a reforzar en este ámbito los aprendizajes a trabajar en el currículo, de una forma manipulativa, divertida y lúdica. De esta manera conectamos lo que los niños y niñas conocen como son los colores y las dinámicas de los juegos con el repaso y aprendizaje de nuevos conceptos o cálculos.

113

COSQUICOMPRA

OBJETIVOS	EDAD	CÓDIGO QR

◇ Trabajar la competencia matemática de una manera funcional y creativa con aspectos de la vida cotidiana

◇ El dinero y su significado

◇ Vocabulario

+5 años y primer ciclo de Educación primaria.

SENTIDO EDUCATIVO: ¿con qué conecta?

Aprender de forma significativa consiste en aprender desde el mundo real y la cotidianidad. Por ello, convertir un rincón del aula o de la casa en un supermercado puede ayudar a trabajar conceptos y aprendizajes matemáticos a través del juego simbólico. Ellos y ellas ponen sus propias reglas a través de este recurso que conecta el mundo real y la vida en la escuela.

AUTOEVALUACIÓN ALUMNADO

OBJETIVOS	EDAD	CÓDIGO QR

◇ Reflexionar sobre sus aprendizajes.

◇ Metacognición

◇ Autoevaluar lo aprendido

+3 años

SENTIDO EDUCATIVO: ¿con qué conecta?

Cuando el alumnado, a través de estas plantillas, conecta con sus aprendizajes, con su trabajo y esfuerzo, con todas las experiencias vividas en clase, con lo que no sabían y ahora conocen, la autoevaluación es una forma de que el alumnado como protagonista de su propio desarrollo conozca su evolución en el proceso. Esta información le hará consciente de sus próximos pasos a continuar, puesto que el aprendizaje es un camino que comienza al nacer y no termina en nuestra llegada a meta, sino qué es aquello que ocurre mientras lo transitamos.

Como se ha podido observar, no solo debemos seleccionar adecuadamente las actividades, dinámicas, recursos y juegos educativos, sino que se hace crucial ponernos las gafas del sentido educativo que le vamos a dar a las situaciones que se vivirán tanto en clase como en casa. Esas gafas de unir los hilos que mueven a la infancia a su propio desarrollo y aprendizaje, es sin duda, lo que hace que el aprendizaje pase de ser aburrido, pesado y sin sentido a un aprendizaje dinámico, activo y significativo, en el que los niños y niñas son los verdaderos protagonistas, favoreciendo aprendizajes útiles para la vida.

CAPÍTULO 5

CONECTAR PARA ATENDER A LA DIVERSIDAD

> Mirar la diversidad desde los ojos del afecto, respeto y comprensión es mirar el alma. La inclusión comienza cuando miramos el alma de cada niño y niña.

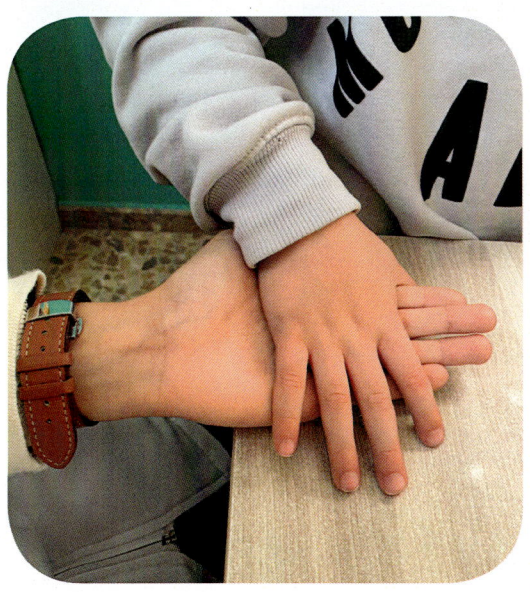

Crear vínculos como seres humanos sociales significa conectar mentes y corazones. En el caso de los docentes, conectar con cada niño y niña supone, como hemos podido descubrir en este libro, un gran paso hacia el aprendizaje y desarrollo. Pero, ¿qué ocurre con los niños y niñas con dificultades en el aprendizaje, con conductas disruptivas o con Necesidades Específicas de Apoyo Educativo? ¿Y aquellos con Necesidades Educativas Especiales (NEE)?

En primer lugar, vamos a comprender que cada niño y niña posee unas características individuales concretas, con sus intereses, necesidades y potencialidades. El docente, a través de las herramientas ya destacadas en este libro, obtendrá esta información valiosa y las tendrá en cuenta en las actividades y situaciones de la vida en el aula, teniendo en cuenta la diversidad como elemento natural en el ser humano. Partiendo de esta premisa, si conectar con nuestro alumnado era crucial, más lo es si cabe con el alumnado NEAE y/o NEE. Estos niños y niñas necesitan del afecto, la mirada, la ilusión, la escucha, y el amor como vías de comunicación y vinculación con las personas, su aprendizaje y desarrollo.

Algunas de las estrategias que pongo en acción y que me ayudan a conectar con los niños y niñas con distintas necesidades pueden ser:

◆ **Fuera estereotipos:** cada niño y niña es único, por lo que, por ejemplo, no hay dos niños con Trastorno del Espectro Autista iguales. Conócelos, investiga sus gustos, busca la forma de comunicarte y vincularte con ellos y ellas. Cada uno y una posee la suya en concreto; te toca ser detective.

◆ **Paciencia, cariño y tiempo:** en muchos casos, estos niños y niñas desean primero observarte y conocerte antes de crear un vínculo afectivo. De esta forma, ten paciencia a la misma vez que te vas acercando.

◆ **En caso necesario dependiendo de cada niño y niña, utiliza agendas visuales individualizadas,** si estas organizan mejor sus rutinas de manera que puedan sentirse seguros y relajados de las tareas a realizar. Usa su nombre, dibujos e incluso fotografías cercanas al niño y niña (de su familia, docentes, clase, etc.), conectando así con las personas más importantes en su vida cotidiana.

◇ **Usa melodías y canciones con gestos, pictogramas o dibujos** (en el caso que así lo necesiten) que ayuden al alumnado a identificar las letras con imágenes estableciendo relaciones entre ellas.

+ Seño, ¿Cuándo vamos a cantar hoy la canción de las vocales?

–¡Cierto! (Procedo a cantar). Salió la A, salió la A...

Y mientras cantamos la canción con el apoyo visual de pictogramas, en cada vocal realizo una interacción con él, como una especie de juego que le hace estar muy atento a cada una de las palabras. Por ejemplo, en la vocal U, al final de la canción pregunta: "¿y qué me dices tú?" y yo le señalo su nariz. Antes de que empecemos a cantar: "salió la U..." se toca la nariz, sonriendo sabiendo lo que viene después.

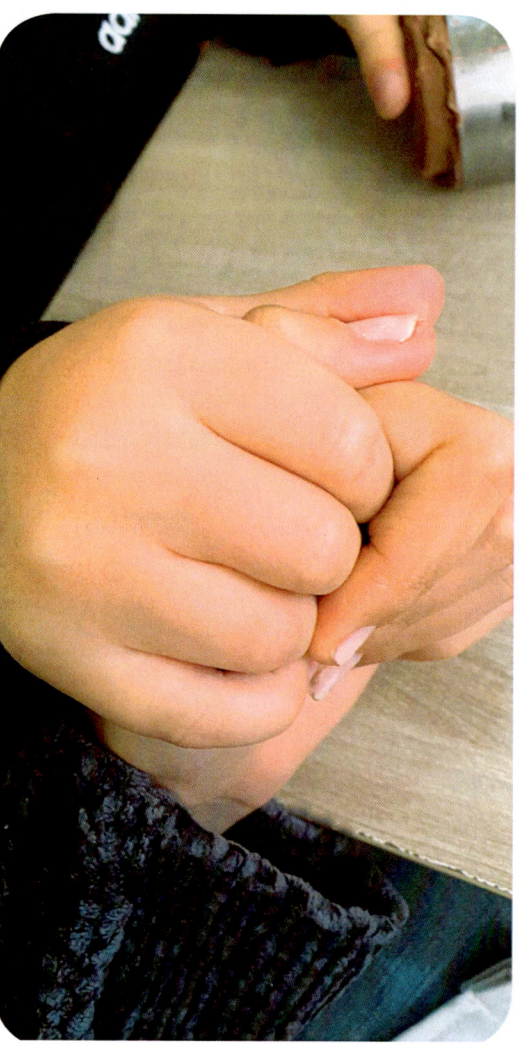

Cuando los docentes conectamos con el alumnado e impulsamos su ilusión y motivación necesaria para el aprendizaje, los niños y niñas, independientemente de sus necesidades y características individuales, son capaces de conectar con el presente, de formar parte del proceso de enseñanza-aprendizaje con la certeza de que lo que aprenden les hace ser mejores personas; ciudadanos con la capacidad para mejorar su mundo. Esto cambia conductas disruptivas, mejora las competencias emocionales, transforma el clima en el aula y permite la integración de nuevos aprendizajes.

Amar la infancia y la escuela, así como tender la mano a los niños y niñas que más te necesitan, significa iniciar el camino de la escuela inclusiva, la de verdad. La inclusión entendiéndose como elemento transformador de la sociedad, pues es el contexto el que se adapta al niño y niña y no al revés.

La ilusión, el juego, el afecto, la risa, la comunicación a través de miradas, la atención individual, la cohesión de grupo, etc., todos ellos son elementos poderosos para generar en clase un ambiente positivo de aprendizaje y desarrollo, potenciando sus capacidades.

Todos, en la comunidad educativa, estamos conectados por un hilo invisible que nos recuerda que en la vida y en la Educación de la infancia, lo verdaderamente importante es creer en lo que cada niño y niña puede ser y ofrecer al mundo. Porque creer y crear solo difieren en una letra, donde todo proceso creativo comienza con la creencia de hacerlo posible. Incluso, este libro.

HILOS COMPARTIDOS

Llegó tu turno. Es hora de desenredar un ovillo para que tanto en clase o en casa se tejan estas conexiones que influirán en el bienestar, desarrollo y aprendizaje de tus alumnos o hijos.

Si comienzas este nuevo camino, si te adentras en lo que ocurre en el aula, en observarlo, anotarlo y reflexionarlo, me encantará saberlo. Puedes encontrarme a través de mis redes sociales, será un placer compartir hilos y dar valor a una escuela viva de corazón a corazón.